定位经典丛书
对美国营销影响巨大的观念

营销革命

BOTTOM-UP MARKETING

[美] 艾·里斯 (Al Ries)　　著
杰克·特劳特 (Jack Trout)

邓德隆 火华强◎译

经典
重译版

机械工业出版社
CHINA MACHINE PRESS

图书在版编目（CIP）数据

营销革命（经典重译版）/（美）艾·里斯（Al Ries），（美）杰克·特劳特（Jack Trout）著；邓德隆，火华强译 . —北京：机械工业出版社，2017.9（2025.10 重印）（定位经典丛书）

书名原文：Bottom-Up Marketing

ISBN 978-7-111-57822-2

I. 营… II. ① 艾… ② 杰… ③ 邓… ④ 火… III. 市场营销 IV. F713.3

中国版本图书馆 CIP 数据核字（2017）第 202689 号

北京市版权局著作权合同登记 图字：01-2010-5975 号。

Al Ries, Jack Trout. Positioning: The Battle for Your Mind, 20th Anniversary Edition.

ISBN 978-0-07-052733-1

营销革命（经典重译版）

出版发行：机械工业出版社（北京市西城区百万庄大街 22 号　邮政编码：100037）

责任编辑：岳晓月　　　　　　　　　　　责任校对：殷　虹

印　　刷：中煤（北京）印务有限公司　　版　　次：2025 年 10 月第 1 版第 17 次印刷

开　　本：170mm×242mm　1/16　　　　印　　张：17.75

书　　号：ISBN 978-7-111-57822-2　　　定　　价：79.00 元

客服电话：（010）88361066　68326294

献 给

众多错过《定位》的商业人士，

众多错过《商战》的商业人士，

希望他们能通过本书获得新的启发……

目录

定者，都忽略了这一原则，他们总是在寻找分散兵力的战术方法。

战术是一个"具有竞争力的心智切入点"。最好的战术能够针对竞争对手在潜在顾客心智中的弱点展开攻击。

毒品是美国面临的最大问题之一，在本章中，我们提出一项战术，旨在减少毒品需求。

战略是一致性的营销方向，能够推动战术进入顾客心智。要构建一项成功的战略，你必须找到合适的方法，将组织内所有的资源用于支持和推动核心战术。

假设你是雅芳的战略总监，本章内容将为你展示，找到一项战术并将其构建为有效战略的完整过程。

你无法改变潜在顾客的心智。你必须通过改变产品、服务或组织，使战略发挥作用，这一过程必将困难重重。

当战局失利时，就得转移战场。转移战场有四种类型：转换目标群体、转换产品、转移焦点和转移渠道。

假如你是通用汽车的CEO罗杰·史密斯，你将如何通过转移战场，来抵御欧洲品牌对高端车市场的入侵?

（一）

孙子云：先胜而后求战。

商界如战场，而这就是战略的角色。事实上，无论承认与否，今天很多商业界的领先者都忽视战略，而重视战术。对于企业而言，这是极其危险的错误。你要在开战之前认真思考和确定战略，才能赢得战役的胜利。

关于这个课题，我们的书会有所帮助。但是首先要做好准备，接受战略思维方式上的颠覆性改变，因为真正有效的战略常常并不合逻辑。

以战场为例。很多企业经理人认为，胜负见于市场，但事实并非如此。胜负在于潜在顾客的心智，这是定位理论中最基本的概念。

你如何赢得心智？在过去的40多年里，这一直是我们唯一的课题。最初我们提出了定位的方法，通过一个定位概念将品牌植入心智；之后我们提出了商战，借助战争原则来思考战略；后来我们发现，除非通过聚焦，对企业和品牌的各个部分进行取舍并集中资源，否则定位往往会沦为一个传播概念。今天我们发现，开创并主导一个品类，令你的品牌成为潜在顾客心智中某一品类的代表，是赢得心智之战的关键。

但是绝大多数公司并没有这么做，以"聚焦"为例，大部分公司都不愿意聚焦，而是想要吸引每个消费者，最终它们选择延伸产品线。每个公司都想要成长，因此逻辑思维就会建议一个品牌应该扩张到其他品类中，但这并非定位思维。它可能不合逻辑，但我们仍然建议你的品牌保持狭窄的聚焦；如果有其他的机会出现，那么推出第二个甚至第三个品牌。

几乎定位理论的每个方面和大多数公司的做法都相反，但事实上很多公司都违背了定位的原则，而恰恰是这些原则才为你在市场上创造机会。模仿竞争对手并不能让你获得胜利。你只有大胆去做不同的事才能取胜。

当然，观念的改变并非一日之功。在美国，定位理论经历了数十年的时间才被企业家广泛接受。最近几年里，我们成立了里斯伙伴中国公司，向中国企业家传播定位理论。我和女儿劳拉几乎每年都应邀到中国做定位理论新成果的演讲，我们还在中国的营销和管理杂志上开设了长期的专栏，解答企业家的疑问……这些努力正在发生作用，由此我相信，假以时日，中国企业一定可以创建出真正意义的全球主导品牌。

艾·里斯

（二）

中国正处在一个至关重要的十字路口上。制造廉价产品已使中国有了很大的发展，但上升的劳动力成本、环境问题以及对创新的需求都意味着重要的不是制造更廉价的产品，而是更好地进行产品营销。只有这样，中国才能赚更多的钱，才能在员工收入、环境保护和其他方面进行更大的投入。这意味着中国需要更好地掌握如何在顾客和潜在顾客的心智中建立品牌和认知，如何应对国内及国际上无处不在的竞争。

这也正是我的许多书能够发挥作用的地方。它们都是关于如何通过在众多竞争者中实现差异化来定位自己的品牌；它们都是关于如何保持简单、如何运用常识以及如何寻求显而易见又强有力的概念。总的来讲，无论你想要销售什么，它们都会告诉你如何成为一个更好的营销者。

我的中国合伙人邓德隆先生正将其中的很多理论在中国加以运用，他甚至为企业家开设了"定位"培训课程。但是，中国如果要建立自己的品牌，正如你们在日本、韩国和世界其他地方所看到的那些品牌，你们依然有很长的路要走。

但有一件事很明了：继续"制造更廉价的产品"只会死路一条，因为其他国家会想办法把价格压得更低。

杰克·特劳特

定位：第三次生产力革命

马克思的伟大贡献在于，他深刻地指出了，以生产工具为标志的生产力的发展，是社会存在的根本柱石，也是历史的第一推动力—大思想家李泽厚如是总结马克思的唯物史观。

第一次生产力革命：泰勒"科学管理"

从唯物史观看，赢得第二次世界大战（以下简称"二战"）胜利的关键历史人物并不是丘吉尔、罗斯福与斯大林，而是弗雷德里克·泰勒。泰勒的《科学管理原理》[○]掀起了人类工作史上的第一次生产力革命，大幅提升了体力工作者的生产力。在泰勒之前，人类的精密制造只能依赖于能工巧匠（通过师傅带徒弟的方式进行培养，且人数不多），泰勒通过将复杂的工艺解构为简单的零部件后再组装的方式，使得即便苏格拉底或者鲁班再世恐怕

○ 本书中文版已由机械工业出版社出版。

也未必能造出来的智能手机、电动汽车，现在连普通的农民工都可以大批量制造出来。"二战"期间，美国正是全面运用了泰勒"更聪明地工作"方法，使得美国体力工作者的生产力爆炸式提高，远超其他国家，美国一国产出的战争物资比其他所有参战国的总和还要多—这才是"二战"胜利的坚实基础。

欧洲和日本也正是从"二战"的经验与教训中，认识到泰勒工作方法的极端重要性。两者分别通过"马歇尔计划"和爱德华·戴明，引入了泰勒的作业方法，这才有了后来欧洲的复兴与日本的重新崛起。包括 20 世纪 80 年代崛起的"亚洲四小龙"，以及今日的"中国经济奇迹"，本质上都是将体力工作者的生产力大幅提升的结果。

泰勒的贡献不止于此，根据唯物史观，当社会存在的根本柱石—生产力得到发展后，整个社会的"上层建筑"也将得到相应的改观。在泰勒之前，工业革命造成了资产阶级与无产阶级这两大阶级的对峙。随着生产力的发展，体力工作者收入大幅增加，工作强度和时间大幅下降，社会地位上升，并且占据社会的主导地位。前者的"哑铃型社会"充满了斗争与仇恨，后者的"橄榄型社会"则相对稳定与和谐—体力工作者生产力的提升，彻底改变了社会的阶级结构，形成了我们所说的发达国家。

体力工作者工作强度降低，人类的平均寿命因此相应延长。加上工作时间的大幅缩短，这"多出来"的许多时间，主要转向了教育。教育时间的大幅延长，催生了一场更大的"上层建筑"的革命—资本主义的终结与知识社会的出现。1959 年美国的人口统计显示，靠知识（而非体力）"谋生"的人口超过体力劳动者，成为劳动人口的主力军，这就是我们所说的知识社会。目前，体力工作者在美国恐怕只占 10% 左右了。知识社会的趋势从美国为代表的发达国家开始，向全世界推进。

第二次生产力革命：德鲁克"组织管理"

为了因应知识社会的来临，彼得·德鲁克创立了管理这门独立的学科（核心著作是《管理的实践》及《卓有成效的管理者》⊖），管理学科的系统建立与广泛传播大幅提升了组织的生产力，使社会能容纳如此巨大的知识群体，并让他们创造绩效成为可能，这是人类史上第二次"更聪明地工作"。

在现代社会之前，全世界最能吸纳知识工作者的国家是中国。中国自汉代以来的文官制度，在隋唐经过科举制定型后，为知识分子打通了从最底层通向上层的通道。这不但为社会注入了源源不断的活力，也为人类创造出了光辉灿烂的文化，是中国领先于世界的主要原因之一。在现代社会，美国每年毕业的大学生就高达百万以上，再加上许多在职员工通过培训与进修，从体力工作者转化为知识工作者的人数就更为庞大了。特别是"二战"后实施的《退伍军人权利法案》，几年间将"二战"后退伍的军人几乎全部转化成了知识工作者。如果没有高效的管理，整个社会将因无法消化这么巨大的知识群体而陷入危机。

通过管理提升组织的生产力，现代社会不但消化了大量的知识群体，甚至还创造出了大量的新增知识工作的需求。与体力工作者的生产力是以个体为单位来研究并予以提升不同，知识工作者的知识本身并不能实现产出，必须借助组织这个"生产单位"来利用他们的知识，才可能产出成果。

⊖ 这两本书中文版已由机械工业出版社出版。

正是管理学让组织这个生产单位创造出应有的巨大成果。

要衡量管理学的成就，我们可以将20世纪分为前后两个阶段来进行审视。20世纪前半叶是人类有史以来最血腥、最残暴、最惨无人道的半个世纪，短短50年的时间内居然发生了两次世界大战，最为专制独裁及大规模的种族灭绝都发生在这一时期。反观"二战"后的20世纪下半叶，直到2008年金融危机为止，人类享受了长达近60年的经济繁荣与社会稳定。虽然地区摩擦未断，但世界范围内的大战毕竟得以幸免。究其背后原因，正是通过恰当的管理，构成社会并承担了具体功能的各个组织，无论是企业、政府、医院、学校，还是其他非营利机构，都能有效地发挥应有的功能，同时让知识工作者获得成就和满足感，从而确保了社会的和谐与稳定。20世纪上半叶付出的代价，本质上而言是人类从农业社会转型为工业社会缺乏恰当的组织管理所引发的社会功能紊乱。20世纪下半叶，人类从工业社会转型为知识社会，虽然其剧变程度更烈，但是因为有了管理，乃至于平稳地被所有的历史学家忽略了。如果没有管理学，历史的经验告诉我们，20世纪下半叶，很有可能会像上半叶一样令我们这些身处其中的人不寒而栗。不同于之前的两次大战，现在我们已具备了足以多次毁灭整个人类的能力。

生产力的发展、社会基石的改变，照例引发了"上层建筑"的变迁。首先是所有制方面，资本家逐渐无足轻重了。在美国，社会的主要财富通过养老基金的方式被知识员工所持有。从财富总量上看，再大的企业家（如比尔·盖茨、巴菲特等巨富）与知识员工持有的财富比较起来，也只是沧海一粟而已。更重要的是，社会的关键资源不再是资本，而是知识。社会的代表人物也不再是资本家，而是知识精英或各类顶级专才。整个社会开始转型为"后资本主义社会"。社会不再由政府或国家的单一组织治理或统治，而是走向由知识组织实现自治的多元化、多中心化。政府只是众多大型组织之一，而且政府中越来越多的社会功能还在不断外包给各个独立自治的社会组织。如此众多的社会组织，几乎为每个人打开了"从底层通向上层"的通道，意味着每个人都可以通过获得知识而走向成功。当然，这同时也意味着不但在同一知识或特长领域中竞争将空前激烈，而且在不同知识领域之间也充满着相互争辉、相互替代的竞争。

正如泰勒的成就催生了一个知识型社会，德鲁克的成就则催生了一个竞争型社会。对于任何一个社会任务或需求，你都可以看到一大群管理良好的组织在全球展开争夺。不同需求之间还可以互相替代，一个产业的革命往往来自另一个产业的跨界打劫。这又是一次史无前例的社会巨变！人类自走出动物界以来，上百万年一直处于"稀缺经济"的生存状态中。然而，在短短的几十年里，由于管理的巨大成就，人类居然可以像儿童置身于糖果店中一般置身于"过剩经济"的"幸福"状态中。然而，这却给每家具体的企业带来了空前的生存压力，如何从激烈的竞争中存活下去。人们呼唤第三次生产力革命的到来。

第三次生产力革命：特劳特"定位"

对于企业界来说，前两次生产力革命，分别通过提高体力工作者和知识工作者的生产力，大幅提高了企业内部的效率，使得企业可以更好更快地满足顾客需求。这两次生产力革命的巨大成功警示企业界，接下来他们即将面临的最重大的挑战，将从管理企业的内部转向管理企业的外部，也就是顾客。德鲁克说，"企业存在的唯一目的是创造顾客"，而特劳特定位理论，将为企业创造顾客提供一种新的强大的生产工具。

竞争重心的转移

在科学管理时代，价值的创造主要在于多快好省地制造产品，因此竞争的重心在工厂，工厂同时也是经济链中的权力中心，生产什么、生产多少、定价多少都由工厂说了算，销售商与顾客的意愿无足轻重。福特的名言是这一时代权力掌握者的最好写照—你可以要任何颜色的汽车，只要它是黑色的。在组织管理时代，价值的创造主要在于更好地满足顾客需求，相应地，竞争的重心由工厂转移到了市场，竞争重心的转移必然导致经济权力的同步转移，离顾客更近的渠道商就成了经济链中的权力掌握者。互联网企业家巨大的影响力并不在于他们的财富之多，而在于他们与世界上最大的消费者群体最近。而现在，新时代的竞争重心已由市场转移至心智，经济权力也就由渠道继续前移，转移至顾客，谁能获取顾客心智的力量，谁就能摆脱渠道商的控制而握有经济链中的主导权力。在心智时代，顾客选择的力量掌握了任何一家企业、任何渠道的生杀大权。价值的创造，一方面来自企业因为有了精准定位而能够更加高效地使用社会资源，另一方面来自顾客交易成本的大幅下降。

选择的暴力

杰克·特劳特在《什么是战略》[○]开篇中描述说："最近几十年里，商业发生了巨变，几乎每个品类可选择的产品数量都有了出人意料的增长。例如，在 20 世纪 50 年代的美国，买小汽车就是在通用、福特、克莱斯勒或

○ 本书中文版已由机械工业出版社出版。

美国汽车这四家企业生产的车型中挑选。今天，你要在通用、福特、克莱斯勒、丰田、本田、大众、日产、菲亚特、三菱、雷诺、铃木、宝马、奔驰、现代、大宇、马自达、五十铃、起亚、沃尔沃等约300种车型中挑选。"甚至整个汽车品类都将面临高铁、短途飞机等新一代跨界替代的竞争压力。汽车业的情形，在其他各行各业中都在发生。移动互联网的发展，更是让全世界的商品和服务来到我们面前。如何对抗选择的暴力，从竞争中胜出，赢得顾客的选择而获取成长的动力，就成了组织生存的前提。

这种"选择的暴力"，只是展示了竞争残酷性的一个方面。另一方面，知识社会带来的信息爆炸，使得本来极其有限的顾客心智更加拥挤不堪。根据哈佛大学心理学博士米勒的研究，顾客心智中最多也只能为每个品类留下七个品牌空间。而特劳特先生进一步发现，随着竞争的加剧，最终连七个品牌也容纳不下，只能给两个品牌留下心智空间，这就是定位理论中著名的"二元法则"。在移动互联网时代，特劳特先生强调"二元法则"还将演进为"只有第一，没有第二"的律则。任何在顾客心智中没有占据一个独一无二位置的企业，无论其规模多么庞大，终将被选择的暴力摧毁。这才是推动全球市场不断掀起并购浪潮的根本力量，而不是人们通常误以为的是资本在背后推动，资本只是被迫顺应顾客心智的力量。特劳特先生预言，与未来几十年相比，我们今天所处的竞争环境仍像茶话会一般轻松，竞争重心转移到心智将给组织社会带来空前的紧张与危机，因为组织存在的目的，不在于组织本身，而在于组织之外的社会成果。当组织的成果因未纳入顾客选择而变得没有意义甚至消失时，组织也就失去了存在的理由与动力。这远不只是黑格尔提出的因"历史终结"带来的精神世界的无意义，而是如开篇所引马克思的唯物史观所揭示的，关乎社会存在的根本柱石发生了动摇。

走进任何一家超市，或者打开任何一个购物网站，你都可以看见货架上躺着的大多数商品，都是因为对成果的定位不当而成为没有获得心智选择力量的、平庸的、同质化的产品。由此反推，这些平庸甚至是奄奄一息的产品背后的企业，及在这些企业中工作的人们，他们的生存状态是多么地令人担忧，这可能成为下一个社会急剧动荡的根源。

吊诡的是，从大数据到人工智能等科技创新不但没能缓解这一问题，反而加剧了这种动荡。原因很简单，新科技的运用进一步提升了组织内部的效率，而组织现在面临的挑战主要不在内部，而是外部的失序与拥挤。和过去的精益生产、全面质量管理、流程再造等管理工具一样，这种提高企业内部效率的"军备竞赛"此消彼长，没有尽头。如果不能精准定位，企业内部效率提高再多，也未必能创造出外部的顾客。

新生产工具：定位

在此背景下，为组织准确定义成果、化"选择暴力"为"选择动力"的新生产工具—定位（positioning），在1969年被杰克·特劳特发现，通过大幅提升企业创造顾客的能力，引发第三次生产力革命。在谈到为何采用"定位"一词来命名这一新工具时，特劳特先生说："《韦氏词典》对战略的定义是针对敌人（竞争对手）确立最具优势的位置（position）。这正好是定位要做的工作。"在顾客心智（组织外部）中针对竞争对手确定最具优势的位置，从而使企业胜出竞争赢得优先选择，为企业源源不断地创造顾客，这是企业需全力以赴实现的成果，也是企业赖以存在的根本理由。特劳特先生的核心著作是《定位》[○]《商战》[□]和《什么是战略》，我推荐读者从这三本著作开始学习定位。

定位引领战略

1964 年，德鲁克出版了《为成果而管理》[□]一书，二十年后他回忆说，其实这本书的原名是《商业战略》，但是出版社认为，商界人士并不关心战略，所以说服他改了书名。这就是当时全球管理界的真实状况。然而，随着前两次生产力革命发挥出巨大效用，产能过剩、竞争空前加剧的形势，迫使学术界和企业界开始研究和重视战略。一时间，战略成为显学，百花齐放，亨利·明茨伯格甚至总结出了战略学的十大流派，许多大企业也建立了自己的战略部门。战略领域的权威、哈佛商学院迈克尔·波特教授总结了几十年来的研究成果，清晰地给出了一个明确并且被企业界和学术界最广泛接受的定义："战略，就是创造一种独特、有利的定位。""最高管理层的核心任务是制定战略：界定并宣传公司独特的定位，进行战略取舍，在各项运营活动之间建立配称关系。"波特同时指出了之前战略界众说纷纭的原因，在于人们未能分清"运营效益"和"战略"的区别。提高运营效益，意味着比竞争对手做得更好；而战略意味着做到不同，创造与众不同的差异化价值。提高运营效益是一场没有尽头的军备竞赛，可以模仿追赶，只能带来短暂的竞争优势；而战略则无法模仿，可以创造持续的长期竞争优势。

定位引领运营

企业有了明确的定位以后，几乎可以立刻识别出企业的哪些运营动作

---

^{○□□}　这三本书中文版已由机械工业出版社出版。

加强了企业的战略，哪些运营动作没有加强企业的战略，甚至和战略背道而驰，从而做到有取有舍，集中炮火对着同一个城墙口冲锋，"不在非战略机会点上消耗战略竞争力量"（任正非语）。举凡创新、研发、设计、制造、产品、渠道、供应链、营销、投资、顾客体验、人力资源等，企业所有的运营动作都必须能够加强而不是削弱定位。

比如美国西南航空公司，定位明确之后，上下同心，围绕定位建立了环环相扣、彼此加强的运营系统：不提供餐饮、不指定座位、无行李转运、不和其他航空公司联程转机、只提供中等规模城市和二级机场之间的短程点对点航线、单一波音737组成的标准化机队、频繁可靠的班次、15分钟泊机周转、精简高效士气高昂的员工、较高的薪酬、灵活的工会合同、员工持股计划等，这些运营动作组合在一起，夯实了战略定位，让西南航空能够在提供超低票价的同时还能为股东创造丰厚利润，使得西南航空成为一家在战略上与众不同的航空公司。

所有组织和个人都需要定位

定位与管理一样，不仅适用于企业，还适用于政府、医院、学校等各类组织，以及城市和国家这样的超大型组织。例如岛国格林纳达，通过从"盛产香料的小岛"重新定位为"加勒比海的原貌"，从一个平淡无奇的小岛变成了旅游胜地；新西兰从"澳大利亚旁边的一个小国"重新定位成"世界上最美丽的两个岛屿"；比利时从"去欧洲旅游的中转站"重新定位成"美丽的比利时，有五个阿姆斯特丹"等。目前，有些城市和景区因定位不当而导致生产力低下，出现了同质化现象，破坏独特文化价值的事时有发生……同样，我们每个人在社会中也一样面临竞争，所以也需要找到自己的独特定位。个人如何创建定位，详见"定位经典丛书"之《人生定位》[⊖]，它会教你在竞争中赢得雇主、上司、伙伴、心上人的优先选择。

定位客观存在

事实上，已不存在要不要定位的问题，而是要么你是在正确、精准地定位，要么你是在错误地定位，从而根据错误的定位配置企业资源。这一点与管理学刚兴起时，管理者并不知道自己的工作就是做管理非常类似。由于对定位功能客观存在缺乏"觉悟"，即缺乏自觉意识，企业常常在不自觉中破坏已有的成功定位，挥刀自戕的现象屡屡发生、层出不穷。当一个品牌破坏了已有的定位，或者企业运营没有遵循顾客心智中的定位来配置资源，不但造成顾客不接受新投入，反而会浪费企业巨大的资产，甚至使企业毁灭。读者可以从"定位经典丛书"中看到诸如 AT&T、DEC、通用汽车、米勒啤酒、施乐等案例，它们曾盛极一时，却因违背顾客心智中的定位而由盛转衰，成为惨痛教训。

创造"心智资源"

企业最有价值的资源是什么？这个问题的答案是一直在变化的。100年前，可能是土地、资本；40年前，可能是人力资源、知识资源。现在，这些组织内部资源的重要性并没有消失，但其决定性的地位都要让位于组织外部的心智资源（占据一个定位）。没有心智资源的牵引，其他所有资源都只是成本。企业经营中最重大的战略决策就是要将所有资源集中起来抢占一个定位，使品牌成为顾客心智中定位的代名词，企业因此才能获得

⊖　本书中文版已由机械工业出版社出版。

来自顾客心智中的选择力量。所以，这个代名词才是企业生生不息的大油田、大资源，借用德鲁克的用语，即开启了"心智力量战略"（mind power strategy）。股神巴菲特之所以几十年都持有可口可乐的股票，是因为可口可乐这个品牌本身的价值，可口可乐就是可乐的代名词。有人问巴菲特为什么一反"不碰高科技股"的原则而购买苹果的股票，巴菲特回答说，在我的孙子辈及其朋友的心智中，iPhone 的品牌已经是智能手机的代名词，我看重的不是市场份额，而是心智份额（大意，非原语）。对于巴菲特这样的长期投资者而言，企业强大的心智资源才是最重要的内在价值及"深深的护城河"。

衡量企业经营决定性绩效的方式也从传统的财务盈利与否，转向为占有心智资源（定位）与否。这也解释了为何互联网企业即使不盈利也能不断获得大笔投资，因为占有心智资源（定位）本身就是最大的成果。历史上，新生产工具的诞生，同时会导致新生产方式的产生，这种直取心智资源（定位）而不顾盈利的生产方式，是由新的生产工具带来的。这不只发生在互联网高科技产业，实践证明传统行业也完全适用。随着第三次生产力革命的深入，其他产业与非营利组织将全面沿用这一新的生产方式—第三次"更聪明地工作"。

伟大的愿景：从第三次生产力革命到第二次文艺复兴

第三次生产力革命将会对人类社会的"上层建筑"产生何种积极的影响，现在谈论显然为时尚早，也远非本文、本人能力所及。但对于正大步迈入现代化、全球化的中国而言，展望未来，其意义非同一般。我们毕竟错过了前面两次生产力爆炸的最佳时机，两次与巨大历史机遇擦肩而过（万幸的是，改革开放让中国赶上了这两次生产力浪潮的尾声），而第三次生产力浪潮中国却是与全球同步。甚至，种种迹象显示：中国很可能正走在第三次生产力浪潮的前头。继续保持并发展这一良好势头，中国大有希望。李泽厚先生在他的《文明的调停者—全球化进程中的中国文化定位》一文中写道：

> 注重现实生活、历史经验的中国深层文化特色，在缓和、解决全球化过程中的种种困难和问题，在调停执着于一神教义的各宗教、文化的对抗和冲突中，也许能起到某种积极作用。所以我曾说，与亨廷顿所说相反，中国文明也许能担任基督教文明与伊斯兰教文明冲突中的调停者。当然，这要到未来中国文化的物质力量有了巨大成长之后。

随着生产力的发展，中国物质力量的强大，中国将可能成为人类文明冲突的调停者。李泽厚先生还说：

> 中国将可能引发人类的第二次文艺复兴。第一次文艺复兴，是回到古希腊传统，其成果是将人从神的统治下解放出来，充分肯定人的感性存在。第二次文艺复兴将回到以孔子、庄子为核心的中国古典传统，其成果是将人从机器的统治下（物质机器与社会机器）解放出来，使人获得丰足的人性与温暖的人情。这也需要中国的生产力足够发展，经济力量足够强大才可能。

历史充满了偶然，历史的前进更往往是在悲剧中前行。李泽厚先生曾提出一个深刻的历史哲学：历史与伦理的二律背反。尽管历史与伦理二者都具价值，二者却总是矛盾背反、冲突不断，一方的前进总要以另一方的倒退为代价，特别是在历史的转型期更是如此。正是两次世界大战付出了惨重的伦理道德沦陷的巨大代价，才使人类发现了泰勒生产方式推动历史前进的巨大价值而对其全面采用。我们是否还会重演历史，只有付出巨大的代价与牺牲之后才能真正重视、了解定位的强大功用，从而引发第三次生产力革命的大爆发呢？德鲁克先生的实践证明，只要知识阶层肩负起对社会的担当、责任，我们完全可以避免世界大战的再次发生。在取得这一辉煌的管理成就之后，现在再次需要知识分子承担起应尽的责任，将目光与努力从组织内部转向组织外部，在顾客心智中确立定位，引领组织内部所有资源实现高效配置，为组织源源不断创造顾客。

现代化给人类创造了空前的生产力，也制造了与之偕来的种种问题。在超大型组织巨大的能力面前，每一家小企业、每一个渺小的个人，将如何安放自己，找到存在的家园？幸运的是，去中心化、分布式系统、网络社群等创新表明，人类似乎又一次为自己找到了进化的方向。在秦制统一大帝国之前，中华文明以血缘、家族为纽带的氏族部落体制曾经发展得非常充分，每个氏族有自己独特的观念体系："民为贵""以义合""合则留，不合则去"等。不妨大胆地想象，也许未来的社会，将在先进生产力的加持下，呈现为一种新的"氏族社会"，每个人、每个组织都有自己独特的定位，以各自的专长、兴趣和禀赋为纽带，逐群而居，"甘其食，美其服，安其居，乐其俗"，从而"各美其美，美人之美，美美与共，天下大同"。人类历史几千年的同质性、普遍性、必然性逐渐终结，每个个体的偶发性、差异性、独特性日趋重要，如李泽厚先生所言："个体积淀的差异性将成为未来世界的主题，这也许是乐观的人类的未来，即万紫千红百花齐放的个体独特性、差异性的全面实现。"在这个过程中，企业也将打破千篇一律的现状，成为千姿百态生活的创造者，生产力必然又一次飞跃。

人是目的，不是手段。这种丰富多彩、每个个体实现自己独特创造性的未来才是值得追求的。从第三次生产力革命到第二次文艺复兴，为中国的知识分子提供了一个创造人类新历史的伟大愿景。噫嘻！高山仰止，景行行止，壮哉伟哉，心向往之……

邓德隆

特劳特伙伴公司全球总裁

写于 2011 年 7 月

改于 2021 年 11 月

定位理论
中国制造向中国品牌成功转型的关键

历史一再证明，越是革命性的思想，其价值被人们所认识越需要漫长的过程。

自 1972 年，美国最具影响力的营销杂志《广告时代》刊登"定位时代来临"系列文章，使定位理论正式进入世界营销舞台的中央，距今已 40 年。自 1981 年《定位》一书在美国正式出版，距今已经 30 年。自 1991 年《定位》首次在中国大陆出版（当时该书名叫《广告攻心战》），距今已经 20 多年。然而，时至今日，中国企业对定位理论仍然知之甚少。

表面上，造成这种现状的原因与"定位理论"的出身有关，对于这样一个"舶来品"，很多人还未读几页就迫不及待地讨论所谓洋理论在中国市场上"水土不服"的问题。根本原因在于定位所倡导的观念不仅与中国企业固有思维模式和观念存在巨大的冲突，也与中国企业的标杆——日韩企业的主流思维模式截然相反。由于具有地缘性的优势,以松下、索尼为代表的日韩企业的经验一度被认为更适合中国企业。

从营销和战略的角度,我们把美国企业主流的经营哲学称为 A(America)模式,把日本企业主流经营哲学称为 J(Japan)模式。总体而言,A 模式最为显著的特点就是聚焦,狭窄而深入;J 模式则宽泛而浅显。简单讨论二者的孰优孰劣也许是仁者见仁的问题,很难有实质性的结果,但如果比较这两种模式典型企业的长期盈利能力,则高下立现。

通过长期跟踪日本企业和美国企业的财务状况,我们发现,典型的 J 模式企业盈利状况都极其糟糕,以下是日本六大电子企业在 1999 ~ 2009 年 10 年间的营业数据:

日立销售收入 84 200 亿美元,亏损 117 亿美元;

松下销售收入 7340 亿美元,亏损 12 亿美元;

索尼销售收入 6960 亿美元,税后净利润 80 亿美元,销售净利润率为 1.1%;

东芝销售收入 5630 亿美元,税后净利润 4 亿美元;

富士通销售收入 4450 亿美元,亏损 19 亿美元;

三洋销售收入 2020 亿美元,亏损 36 亿美元。

中国企业普遍的榜样、日本最著名的六大电子企业 10 年间的经营成果居然是亏损 108 亿美元,即使是利润率最高的索尼,也远低于银行的贷款利率(日本大企业全仰仗日本政府为刺激经济采取对大企业的高额贴息政策,资金成本极低,才得以维持)。与日本六大电子企业的亏损相对应的是,同期美国 500 强企业平均利润率高达 5.4%,优劣一目了然。由此可见,从更宏观的层面看,日本经济长期低迷的根源远非糟糕的货币政策、金融资产泡沫破灭,而是 J 模式之下实体企业普遍糟糕的盈利水平。

定位理论正是由于对美国企业的深远影响，成为"A 模式背后的理论"。自诞生以来，定位理论经过四个重要的发展阶段。

20 世纪 70 年代：定位的诞生。"定位"最为重要的贡献是在营销史上指出：营销的竞争是一场关于心智的竞争，营销竞争的终极战场不是工厂也不是市场，而是心智。心智决定市场，也决定营销的成败。

20 世纪 80 年代：营销战。20 世纪 70 年代末，随着产品的同质化和市场竞争的加剧，艾·里斯和杰克·特劳特发现，企业很难仅通过满足客户需求的方式在营销中获得成功。而里斯早年的从军经历为他们的营销思想带来了启发：从竞争的极端形式——战争中寻找营销战略规律。（实际上，近代战略理论的思想大多源于军事领域，"战略"一词本身就是军事用语。）1985 年，《商战》出版，被誉为营销界的"孙子兵法"，其提出的"防御战""进攻战""侧翼战""游击战"四种战略被全球著名商学院广泛采用。

20 世纪 90 年代：聚焦。20 世纪 80 年代末，来自华尔街年复一年的增长压力，迫使美国的大企业纷纷走上多元化发展的道路，期望以增加产品线和服务的方式来实现销售与利润的增长。结果，IBM、通用汽车、通用电气等大企业纷纷陷入亏损的泥潭。企业如何获得和保持竞争力？艾·里斯以一个简单的自然现象给出了答案：太阳的能量为激光的数十万倍，但由于分散，变成了人类的皮肤也可以享受的温暖阳光，激光则通过聚焦获得能量，轻松切割坚硬的钻石和钢板。企业和品牌要获得竞争力，唯有聚焦。

新世纪：开创新品类。2004 年，艾·里斯与劳拉·里斯的著作《品牌的起源》出版。书中指出，自然界为商业界提供了现成模型。品类是商业界的物种，是隐藏在品牌背后的关键力量，消费者"以品类来思考，以品牌来表达"，分化诞生新品类，进化提升新品类的竞争力量。他进一步指出，企业唯一的目的就是开创并主导新品类，苹果公司正是开创并主导新品类取得成功的最佳典范。

经过半个世纪以来不断的发展和完善，定位理论对美国企业以及全球企业产生了深远的影响，成为美国企业的成功之源，乃至美国国家竞争力的重要组成部分。

过去 40 年的实践同时证明，在不同文化、体制下，以"定位理论"为基础的 A 模式企业普遍具有良好的长期盈利能力和市场竞争力。

在欧洲，20 世纪 90 年代初，诺基亚公司受"聚焦"思想的影响，果断砍掉橡胶、造纸、彩电（当时诺基亚为欧洲第二大彩电品牌）等大部分业务，聚焦于手机品类，仅仅用了短短 10 年时间，就超越百年企业西门子成为欧洲第一大企业。（遗憾的是，诺基亚并未及时吸收定位理论发展的最新成果，把握分化趋势，在智能手机品类推出新品牌，如今陷入新的困境。）

在日本，三大汽车公司在全球范围内取得的成功，其关键正是在发挥日本企业在产品生产方面优势的同时学习了 A 模式的经验。以丰田为例，丰田长期聚焦于汽车领域，不断创新品类，并启用独立新品牌，先后创建了日本中级车代表丰田、日本豪华车代表雷克萨斯、年轻人的汽车品牌赛恩，最近又将混合动力汽车品牌普锐斯，这些基于新品类的独立品牌推动丰田成为全球最大的汽车企业。

同属电子行业的两家日本企业任天堂和索尼的例子更能说明问题。索尼具有更高的知名度和品牌影响力，但其业务分散，属于典型的 J 模式企业。任天堂则是典型的 A 模式企业：依靠聚焦于游戏机领域，开创了家庭游戏机品类。尽管任天堂的营业额只有索尼的十几分之一，但其利润率一直远超过索尼。以金融危机前夕的 2007 年为例，索尼销售收入 704 亿美元，利润率 1.7%；任天堂销售收入 43 亿美元，利润率是 22%。当年任天堂股票市值首次超过索尼，一度接近索尼市值的两倍，至今仍保持市值上的领先优势。

xxx

中国的情况同样如此。

中国家电企业普遍采取 J 模式发展，最后陷入行业性低迷，以海尔最具代表性。海尔以冰箱起家，在"满足顾客需求"理念的引导下，逐步进入黑电、IT、移动通信等数十个领域。根据海尔公布的营业数据估算，海尔的利润率基本在 1% 左右，难怪海尔的董事长张瑞敏感叹"海尔的利润像刀片一样薄"。与之相对应的是，家电企业中典型的 A 模式企业——格力，通过聚焦，在十几年的时间里由一家小企业发展成为中国最大的空调企业，并实现了 5% ~ 6% 的利润率，与全球 A 模式企业的平均水平一致，成为中国家电企业中最赚钱的企业。

实际上，在中国市场，各个行业中发展势头良好、盈利能力稳定的企业和品牌几乎毫无例外都属于 A 模式，如家电企业中的格力、汽车企业中的长城、烟草品牌中的中华、白酒品牌中的茅台和洋河、啤酒品牌中的雪花等。

当前，中国经济正处于极其艰难的转型时期，成败的关键从微观来看，取决于中国企业的经营模式能否实现从产品贸易向品牌经营转变，更进一步看，就是从当前普遍的 J 模式转向 A 模式。从这个意义上讲，对于 A 模式背后的理论——定位理论的学习，是中国企业和企业家的必修课。

令人欣慰的是，经过 20 年来著作的传播以及早期实践企业的示范效应，越来越多的中国企业已经投入定位理论的学习和实践之中，并取得了卓越的成果，由此我们相信，假以时日，定位理论也必将成为有史以来对中国营销影响最大的观念。如此，中国经济的成功转型，乃至中华民族的复兴都将成为可能。

张云

里斯伙伴中国公司总经理

2012 年 2 月于上海陆家嘴

我们最初所写的两本书是关于传播原则与战略原则的"教科书"。

第一本书《定位》（*Positioning: The Battle for Your Mind*），是一本关于传播原则的书。根据定位理论，人们心智中存在一些空隙或位置，而一家企业或一个品牌就是要占据其中某个位置。如果这个位置是空着的，企业会更容易占据，但如果这个位置已经被竞争对手占据，那就非常困难了。如果是后一种情况，企业必须"重新定位"竞争对手才能进入人们的心智。

第二本书《商战》（*Marketing Warfare*），是一本关于战略原则的书。在书中，我们对战略提出了新的见解，认为企业的战略并非仅仅针对顾客，满足他们的需求。

如今战略的真正实质是要针对竞争对手，以智取胜、以巧取胜、以强取胜。简言之，商业就是战争，在这场商战中，竞争对手就是敌人，顾客就是你要抢占的阵地。

与真正的战争一样，商战并非只有一种形式，更确切地说有四种：防御战、进攻战、侧翼战和游击战。明确所采用的战略形式是你要做的第一个也是最重要的决策。

《营销革命》

与前两本书不同，第三本书《营销革命》不是一本教科书，而是一本专门帮助商业人士快速学习战略的自助书籍。

最近的一项调查报告显示，在如今激烈的竞争环境下，能通过层层晋升最终成为企业 CEO 的人，更多来自销售和市场营销部门，而非其他职能部门。

我们如今生活在"竞争年代"，几乎在所有品类中，商业竞争都已经越来越像战争。

环境的改变使得传统的"自上而下"战略模式也随之过时。当你已经无法预测未来的竞争动向时，长期的战略规划又有什么价值呢？

如果资源分配也受制于长期规划，那又如何能灵活应对竞争变化呢？

战略和战术

《营销革命》不会忽略定位和商战的原则。相反，本书对这两个理论进行了整合，但其方式可能与你想象的有所不同。

企业的战术，如《定位》中所述，通常以传播为主，包括广告、公关和销售演示等。

企业的战略，如《商战》中所述，通常以营销为主，并且会形成相应文件，记述战略制定过程的最终结果。

如今，战略规划满天飞，管理层也都着迷于此。没有哪家像样的《财富》500 强公司，还缺少专门负责长期战略规划的副总裁。

我们反对长期战略规划、公司使命、商业计划、年度预算和各种目标。

我们认为，如今大多数管理者没有正确理解战略和战术之间的重要关系，使得他们总是沉溺于战略规划之中。

传统理论认为，企业高层管理者应该先制定战略，之后再把战略交给中层管理者，由他们选择相应的战术来执行战略。

对此我们反对，我们的观点与之恰好相反。

第1章

01

战术决定战略

多年为美国一些最大的企业提供战略咨询，使我们得出了革命性的结论：战略的制定应该"自下而上"，而非"自上而下"。换言之，企业的战略应通过对自身业务实际战术的深入认识和深度参与来制定。

战术应决定战略。也就是说，传播战术应决定营销战略。

大多数战略制定者所遵循的恰好与之相反。公认的做法是首先为组织制定宏观战略，之后才是战术。

战术应决定战略。也就是说，传播战术应决定企业战略。

挑战"显然的真理"

在科学、医学和商业领域，一些突破性的进展都是通过挑战"显然的真理"所取得的。黎曼（Riemann）推翻了欧几里得第五公设：给定一条直线，通过此直线外的任意一点，有且仅有一条直线与之平行。物理学家至今依然在黎曼几何学所开创的研究领域中进行不断的探索。

每个"显然的真理"都有可能是一次发展进步的机会，无论是在科学领域还是商业领域。

"战略决定战术"就是商业领域的一则公理，它是如此的根深蒂固，以至于让人意识不到它的存在。一个一年级孩子说："我不确定是谁发现了美洲大陆，但我知道他肯定不是印度人。"

"战略先于战术"这个观念有多深入人心呢？

首先，没有"战术和战略"这个说法，它的顺序总是反过来的。而且，反过来的顺序是那么的符合逻辑：先决定你想要做什么（战略），之后再决定你如何做（战术）。

"我们的计划失败是因为没有目标，"塞内加（Seneca）㊀说，"如果不知驶向哪个港口，任何风向都是没用的。"

谁能与此争辩？

我们能。哥伦布想找到一条前往印度更近的航线（战略），他向西航行而不是向东（战术）。他至死都认为自己是一个失败者，因为没能找到他一心寻找的印度。

如果让战术决定战略，他也许能认识到自己发现了美洲大陆，相比找到一条去印度更近的航线，这个成就要伟大和重要得多。

哥伦布是一名水手，一名非常优秀和出色的水手。他本就会选择向西航行的战术，因为其他所有人都在向东航行（战略上，我们称这种方法为侧翼战）。

无论向西航行会发现什么，哥伦布都将成为第一个发现它的人。

"自上而下"思维之罪

管理者着迷于"自己想要做什么"。什么是长期规划？无非就是一份无比细致的方案，介绍管理者想让公司在未来 5 ～ 10 年发展成什么样子。

当你把重点放在战略或未来的长期目标上时，你就犯了两项商业重罪

㊀　古罗马政治家、哲学家、悲剧作家。——译者注

当你把重点放在战略或未来的长期目标上时，你就犯了两项商业重罪之一：（1）拒绝接受失败；（2）不愿利用成功。这些都是由"自上而下"思维所导致的。

之一：（1）拒绝接受失败；（2）不愿利用成功。这些都是由"自上而下"思维所导致的。

哥伦布拒绝接受他没找到通往印度航线的事实，也没有很好地利用他真正取得的伟大发现。

先制定战略的公司通常拒绝接受失败，因为它们认为将计划变为成功的结果，所需要的仅仅是战术上的略微调整。

在 20 世纪 50 年代，通用电气（GE）做出了一项战略决策——进入大型计算机市场。在付出了 14 年的努力和 4 亿美元的代价之后，最终还是放弃了。那些所谓的"战术上的略微调整"造成了巨大的资源浪费。

假如把这个过程颠倒过来，通用电气没有跟随 IBM、Univac、宝来（Burroughs）、NCR、RCA、Control Data、霍尼韦尔（Honeywell）和其他大型计算机品牌向东航行，而是独自向西航行，情况又会怎样呢？

通用电气有两个选择：它可以推出超级计算机开创高端市场，也可以推出个人计算机开创低端市场。但当时无论是超级计算机还是个人计算机，都还没有相应的市场。正因如此，两种战术都能够让通用电气在顾客心智中成为某个计算机新品类的第一。

两种战术会不会盈利就是另一个问题了，这

取决于未来的发展情况（现在看来，这两种战术方向至少为两家公司实现了丰厚的盈利，那就是克雷公司在超级计算机市场，苹果公司在个人计算机市场）。

哥伦布不一定能在他的航行中有所发现，但如果当时有人有任何的发现，那个人一定会是哥伦布，因为他是第一个向西航行的人。

相同的原则也适用于商业。唯一可靠的战术就是想办法第一个进入顾客心智。由于你是第一个，你的产品或服务都还没有现成的市场，因此必须自己开创市场。

唯一可靠的战术就是想办法第一个进入顾客心智。

拒绝接受失败通常也伴随着不愿利用已有的成功。通用电气在大型计算机市场所取得的唯一进展就是建立了"分时系统"的概念，它取得这份成绩也是因为它第一个推出了这个概念。

这份成功本应激励通用电气将自己在计算机方面的所有资源投入"分时系统"当中，但这并不符合通用电气的战略——通过推出全线计算机产品成为另一个 IBM，所以机会就这样被浪费了。

在商业中，人们往往倾向于看到自己想要看见的东西。这也正是"自上而下"思维的危险所在，它使得人们容易忽略所有与实现既定战略无关的因素和机会。

在商业中，人们往往倾向于看到自己想要看的东西。这也正是"自上而下"思维的危险所在，它使得人们容易忽略所有与实现既定战略无关的因素和机会。

反其道而行

反其道而行，有时会让你有重要的发现。

维克斯（Vicks）公司的研究人员研制出一种新的液体感冒药，这种感冒药对喉咙沙哑和流眼泪非常有效。但不幸的是，它也会让人昏昏欲睡，如果你还想去上班或开车的话，那这就是个问题了。

维克斯公司并没有放弃这项研究，因为有人想出了绝妙的主意。既然这个产品让你犯困，那就直接将其定位为夜间的感冒药好了。也就是说，"第一种夜间感冒药"会成为一个有效的传播战术，因为"成为第一"是已经被验证了的有效原则。

事实的确如此。奈奎尔（NyQuil）成为维克斯公司历史上最成功的新产品，并且奈奎尔也成为现在排名第一的感冒药。

战术（第一种夜间感冒药）决定战略（推出一种全新的感冒药"奈奎尔"）。

什么是战术

战术是一个"有竞争力的心智切入点"。

战术是一个概念。当你在寻找战术的时候，你实际寻找的是一个概念。

但是用"概念"一词表达又比较模糊，是什么样的概念？如何找到这个概念？这些都是首先要回答的问题。

为了帮助你回答这些问题，我们做出如下具体定义：战术是一个"有竞争力的心智切入点"。

首先，一个战术必须是"有竞争力"的切入点，这样才有成功的可能。这并非就是指一个更好的产品或服务，而是说必须存在一定的差异化。它可以是更小、更大、更轻、更重、更便宜、更昂贵，也可以是一个不同的分销系统。

此外，战术必须在整个市场环境中具有竞争力，而不仅仅是针对其他的一两个产品或服务。

例如，大众汽车在 20 世纪 50 年代末期决定推出"第一款"小型车，这就是一个优秀的且具竞争力的战术。当时通用汽车只知道生产大型的、镀着厚厚铬层、像巡逻艇一样的汽车。大众的甲壳虫在当时取得了巨大成功。

甲壳虫当然不是市场上出现的第一款小型车，但它是第一个在消费者心智中占据"小型"定位的汽车，并将它的尺寸作为一种优势，不像其他的厂商都在谈论"宽敞"，好像很努力地在为自己的小尺寸表达歉意。

"想想还是小的好"（Think Small），这是大众汽车的广告标题。

一个战术上的反面例子是施格兰（Seagram），在 20 世纪 60 年代，它想要推出一款新的波本威士忌，来对抗占边威士忌（Jim Beam）和老祖父威士忌（Old Grand-Dad）。基准（Benchmark）波本酒最终失败了，因为它不具有任何竞争力。

其次，战术必须是具有竞争力的"心智"切入点。换句话说，竞争发生在潜在顾客的心智中。

在心智中不存在的竞争对手可以忽略。汤姆·莫纳汉（Tom Monaghan）

创建达美乐（Domino's）时，当时已经有很多提供送餐到家服务的比萨店，但没有哪家店在顾客心智中占据了"送餐到家"的定位。

另一方面，也有一些竞争对手在顾客心智中享有强大的认知，虽然这些认知与事实不符。在选择战术时必须考虑的因素是顾客心智中的认知，而不是事实。

最后，一个有竞争力的"切入点"是顾客心智中的一个立足点，它决定你的营销计划是否能有效地执行。你必须撬动这个点，从而获取成果。

但仅有战术是不够的，你还必须把这个战术转化成一个战略（如果战术是钉子，战略就是锤子），才是一个完整的过程。要在顾客心智中建立定位，二者缺一不可。

什么是战略

战略不是一个目标，就像生活本身，战略应该专注于过程，而不是结果。"自上而下"思考的管理者是目标导向的，通常他们先设定目标，之后再设计达成目标的途径和方法。

大多数目标本身就是无法实现的，设定目标越来越像是在做经历挫败的练习。战略，就如同政治一样，是一门关于可能性的艺术。

当罗杰·史密斯（Roger Smith）在 1981 年接管通用汽车时，他预测通用汽车最终将占据传统三大汽车厂商⊖美国国内市场份额的 70%。1980 年时，通用汽车的份额为 66%。

为了实现这个宏伟的目标，通用汽车启动了一个 500 亿美元的现代化改造计划。

⊖　三大汽车公司，指通用汽车公司、福特汽车公司和克莱斯勒汽车公司。——译者注

现在[⊖]，通用汽车占三大厂商美国国内市场份额的 58%，而且还在下滑。它在北美的汽车业务一年要亏损数亿美元。它的目标本就是没办法实现的，因为没有一个合理、可靠的战术作为基础。

按照我们的定义，战略不是目标，而是一个"一致性的营销方向"。

首先，战略的"一致性"是指它专注于既定的战术。大众汽车以小型车取得了战术上巨大的成功，但没能将其提升为一致性的战略。它忘掉了"小型"，反而将一系列又大又快，而且昂贵的大众汽车引入美国，但这些战术早已被其他的汽车厂商所使用和占据。这为日本企业接管小型车市场敞开了大门。

其次，战略包含一致性的"营销"活动，产品、定价、渠道和广告——所有构成营销的动作必须紧紧地围绕既定战术展开。（可以将战术想象为一种特定波长的光，而战略就是一个调整为具有这个特定波长的激光器。要穿透顾客的心智，二者缺一不可。）

最后，战略是一个一致性的营销"方向"。战略一旦确立，方向就不应再改变。

> 战略不是目标，而是一个"一致性的营销方向"。

[⊖]　此处涉及时间是作者著书的年代，即 20 世纪 80 年代末期，后文若无特别注释，"现在"及类似同义词均指作者著书年代。——译者注

战略的目的是调动资源，促使战术优势得以实现。将所有的资源投入到一个战略方向上，既能最大限度地利用战术优势，又能不受既定目标的限制。

营销如同战争，最安全的战略就是迅速推动战术。懈怠属于失败者，而胜利者会乘势直追，奋斗不已。

营销如同战争，最安全的战略就是迅速推动战术。

战术与战略的比较

战术是一个单一的概念或切入点；战略则包含很多要素，这些要素都以某个战术为核心。

战术是一个独特的与众不同的切入点；战略则很可能平淡无奇。

战术独立于时间，相对不变；战略则会随着时间逐步展开。降价促销是美国大部分零售商时不时用到的战术，如果一家店每天都在降价促销，那它就是一家折扣店，降价促销就是它的战略。

有些零售商已经将这种战术升级为一个强有力的战略。西姆斯（Syms）在美国东部和中西部的 10 个州都是非常成功的折扣服装店。它在电视广告中说："在西姆斯，你永远不会听到'促销'两个字。心领神会的消费者是我们最好的顾客。"

战术是一种竞争优势，战略则是用来系统化

地保持这一优势。

战术独立于产品、服务或公司之外，它甚至可能都不是公司制造的一个产品；战略则关乎组织内部（战略通常会要求企业进行大量的内部重组）。

战术是以传播为导向的；战略则是以产品、服务或公司为导向的。

"自下而上"战略的原则很简单：从具体到整体，从短期到长期。

同时，应注意"自下而上"战略的单一性。找到一个有效的战术并围绕其制定相应战略。找到一个战术，而不是两个、三个或四个。

一个战略与多种战术

大多数管理者是以一个战略与多种战术的方式进行思考，也就是说，他们寻求一个可以用多种不同战术来描述的战略。传统战略观念强调的是用多种战术扩张到不同的市场。企业的战略因此变得越来越宽泛，从而可以包含众多的战术。

当约翰·斯塔福德（John M. Stafford）担任品食乐（Pillsbury）CEO 时，据《华尔街日报》报道，他的第一个大的动作就是成立了一个委员会，专门负责编写一份冗长的解释公司"使命和

> 战术是一种竞争优势，战略则是用来系统化地保持这一优势。

> 战术是以传播为导向的；战略则是以产品、服务或公司为导向的。

价值观"的文档。很有可能他相信摩西⊖（Moses）式的管理方法，首先登上山峰取下石碑，而后下山传布《十诫》⊜。

这种方法并不适合斯塔福德。显然，汉堡王（Burger King）与品食乐其他餐厅业务的管理者们无法有效地完成公司的使命。

尤其是其中的一条戒律：你应获取令人满意的利润。斯塔福德也因违背了自己的这条戒律而被炒了鱿鱼。

大部分将领，不论是在军队还是企业中，都不愿意把精力集中在战术上，这就剥夺了许多过程中的乐趣。

大部分将领喜欢宏观而抽象的工作。比起在汉堡王品尝皇堡（Whopper），制定"公司的使命与价值观"才与他们的高级职务更为相称。当你成为商业中的主教时，你会感觉到有很强的冲动像主教那样行事。

当你到达高层时，你希望能够"自由"，从所有那些琐碎的商业战术的细节中解放出来，自由地参与到有趣的那一部分——制定宏伟战略。

商战靠战术取胜

然而，商战的胜负取决于战术层面，而非战略层面。

越南战争是在越南失败的，而不是在华盛顿。在商战中，你必须在开始时就具备一种观念——战术决定成败。

战术可以是某种微弱的优势。达美乐的汤姆·莫纳汉所运用的战术只是聚焦于比萨"送餐到家"服务。就其本身而言，并不是一个让人极其兴

⊖ 摩西是公元前13世纪时犹太人的民族领袖，史学界认为他是犹太教的创始者。——译者注

⊜ 《十诫》，传说是神在西奈山的山顶亲自传达给摩西的，是神对以色列人的告诫，并将这些话刻在了石碑上。——译者注

奋的概念，但是它是独特的、与众不同的，因为
没有任何其他连锁这样做。

　　注意，达美乐的战术就仅是一个战术，而不
是多个战术的组合。那个概念仅仅是围绕"送餐
到家"而已，并没有加上外带、堂吃，再加上汉
堡包和热狗，再加上服务。

　　达美乐的成功就是其"送餐到家"战术相应
战略执行的结果。通过打造一个全国范围、只提
供"送餐到家"服务的连锁，达美乐抢先占据了
"确保 30 分钟送餐到家的比萨"这一概念。

寻找适合战略的战术

　　具有传统"自上而下"思维的管理者有时会
认为他们是在"自下而上"地思考，但事实上他
们并没有，他们会花上数个小时在可能的战术中
进行筛选。

　　但是，他们通常做的是寻找适合既定战略的
战术。"送餐到家的连锁并不适合我们的战略"可
能是必胜客的反应，"我们是经营餐厅的"。结果，
莫纳汉赚了大钱，而必胜客错过了一个机会。

　　这种思维的缺陷非常明显。管理者会在市场
上搜寻战术机会，但由于他们已经决定了要做什
么，所以他们所找的只是执行的具体方法。听上

商战的胜负取决于战术层面，
而非战略层面。

去符合逻辑，不是吗？

重点在于改变

"自下而上"战略的重点是组织本身的改变。没有产品、服务、价格或渠道方面的改变，任何战略都将变为一串毫无意义的文字。

传统"自上而下"战略的重点是外部环境的改变。"为了实现市场份额增长 10% 的目标，我们必须提升品牌喜爱度"，具有传统思维的人会这样说。

换言之，你自己无须改变，而是要努力去改变市场。这是"自上而下"思维最糟糕的情况。

"要是在战术上无法执行，最好的战略计划也毫无用处。"陆军元帅埃尔温·隆美尔⊖（Erwin Rommel）说。很不幸，隆美尔效命于历史上最为声名狼藉的"自上而下"的思考者——希特勒，这句话让隆美尔付出了生命的代价。

与上战场相比，商业活动会安全很多，不认同企业战略至多让你丢掉饭碗而已。

⊖ 埃尔文·隆美尔（1891—1944），第二次世界大战期间德国陆军元帅，隆美尔、曼施坦因和古德里安被后人并称为纳粹德国三大名将。后因卷入刺杀希特勒的行动，希特勒命其服毒自杀。——译者注

战略的目的

在企业中最没用的行动就是围坐在会议桌前评估各种战略。

事实上并没有"好"的战略，只有"战术层面能执行"的战略，以及"战术层面无法执行"的战略。如果这是真的，那么战略的目的是什么呢？

战略的目的就是防止竞争对手对你的战术产生不利的影响。

只有一家"送餐到家"门店的达美乐可以很容易地被市场领导者必胜客压制住。借助将"送餐到家"连锁店拓展到全美的战略，达美乐成为竞争中一股强劲的力量。

战术是能产生成果的切入点；战略则是公司的组织方式，并能够对竞争对手产生最大的战术压力。

在法兰西战役中，德国的战术是利用向北的英国远征军与向南的法国军队之间的"空隙"；战略则是调动主力装甲部队对阿登高地集中袭击。

战术决定战略，战略推动战术。如果说其中的一个比另一个更重要，那就失去了"自下而上"的本质了。两者之间的关系才是成功的重要因素。

在飞机的设计中什么更重要，引擎还是机翼？都不是。重要的是两者之间的关系，这决定

战略的目的就是防止竞争对手对你的战术产生不利的影响。

战术决定战略，战略推动战术。两者之间的关系才是成功的重要因素。

了你的设计能否飞离跑道。

战术是能够直接影响到业务发展的概念；战略则为战术插上翅膀，让业务腾飞。

"自上而下" VS."自下而上"

"自上而下"的管理者是在强迫事情的发生；"自下而上"的管理者是在努力寻找能够加以利用的事情。

"自上而下"的管理者追逐已有的市场；"自下而上"的管理者寻找新的机会。

"自上而下"的管理者是内部导向的；"自下而上"的管理者是外部导向的。

"自上而下"的管理者相信为了长期的成功可以承受短期的损失；"自下而上"的管理者相信短期的成功才能带来长期的成功。

BOTTOM-UP MARKETING

第2章

02

深 入 一 线

伊恩·弗莱明⊖（Ian Fleming）有一次这么问自己：“如果当时我不是在牙买加享受美妙又纯粹的假期的话，这些书还会问世吗？”“我深表怀疑。”这位詹姆斯·邦德系列小说的作者说。

如果温暖的牙买加气候激发了弗莱明的灵感，那寒冷的圣克鲁兹海浪对杰克·奥尼尔（Jack O'Neill）来说就发挥了同样的作用。

作为一名资深的冲浪者，奥尼尔受够了那份寒冷，他发明了业内的第一件防寒泳衣。如今，奥尼尔公司是一家有着数百万美元规模的防寒泳衣公司。

深入市场一线，找到一个有竞争力的心智切入点，然后回到公司做出必要的改变，以能够更好地利用这一切入点，这就是“自下而上”战略的实质。

但说起来容易，做起来难。

副总裁负责一线

如果是战术决定战略，那么在整个战略制定过程中最关键的一步就是“深入一线”。很不幸，大多数公司并没有专门对此负责的副总裁。

深入市场一线，找到一个有竞争力的心智切入点，然后回到公司做出必要的改变，以能够更好地利用这一切入点，这就是“自下而上”战略的实质。

⊖ 伊恩·弗莱明（1908—1964），英国小说家，代表作品《007系列》。——译者注

亲爱的读者，这对你来说意味着机会。马上，你就有绝好的机会为公司（或你自己）制定杰出的战略，因为这个领域是那么的广阔无人。

不要将"深入一线"与"派人去一线"搞混。在大多数企业中，会有非常多的工作委派：个人的委派，比如向销售部门要一些报告；非个人的委派，比如进行市场调研。

> 不要将"深入一线"与"派人去一线"搞混。

做市场调研并没什么问题，但前提是你要记得战略是关乎于未来的，而大多数的市场调研都只是一份关于过去的报告。

调研会告诉你潜在顾客做过些什么，未必会说他们将要做什么（潜在顾客也不知道他们将要做什么，所以也不用去问他们，免得让他们不知所措）。

派人去一线同样并没什么问题，但没什么能比获取第一手信息更有效了。

过多的管理者认为他们可以在办公室里执行战略。小说家约翰·勒卡雷[○]（John LeCarre）写道："如果你想要观察这个世界的话，办公室是一个非常危险的地方。"

○ 约翰·勒卡雷（1931—），英国著名间谍作家，以《冷战谍魂》一举成名。——译者注

"自下而上"，日本的方式

"自下而上"战略与日本的整个组织由下到上达成共识的系统是不同的，那是将公司成功的重任交由企业最底层的员工负责。

"过去，我们不需要强大的指挥官。"野村高级管理学院退休的校长德山次郎（Jiro Tokuyama）说。在高速增长的年代，日本公司的成功主要是依靠生产与竞争对手相同的产品，只是更好和更便宜而已。但德山次郎又说："整个环境变了。"

如今，各行各业都认识到了日本传统的管理方式（逐步推进、达成共识，以及"自下而上"地制定决策），不足以让企业快速调整定位方向。

日本式的"自下而上"战略，更关乎于谁在做，而不是要做什么。

有时你会很走运。有时新员工会做出贡献，有时底层员工绝妙的想法能让公司成为大赢家。

但是时间是不利于这个过程的因素。在日本式体系里，一个想法由下到上需要通过众多关卡，而且在每个关卡都需达成共识，这对好的想法是非常不利的。

最好的战略在事先看上去很少让人觉得它会大获成功。而且很有可能，最好的战略方案已经被你的竞争对手考虑过，并且弃之不用了。

战略就像是金拉米纸牌游戏（Gin Rummy Game），你总能在不要的牌里找到一些最好的想法。

任何想法如果在你的公司里能得到一致的通过，那么它肯定已经被其他人用过了。这也正是日本式体系生产的产品和培养的人才都非常相似的原因之一。

日立、JVC、松下和东芝的录像机有什么不同呢？没什么不一样。它们都是日本"自下而上"追求共识的战略的受益者（或受害者）。当一个想法在组织中自下而上逐级通过时，差异化早已被消灭了。

"自下而上"，我们的方式

我们认为，"自下而上"战略不是关乎于"谁来做"的问题，而是关乎于"做什么"的问题。

你需要决定的第一件事是运用何种战术，也就是说，你需要选择一种战术，使它能够实现和建立一个有竞争力的心智切入点。之后，你需要决定如何使那个战术成为一个一致性的战略方向。

只有当这些步骤全部完成之后，你才能决定应该由"谁"执行这个战略。

大多数公司把这个次序颠倒过来了。它们围绕着有各种头衔的人来进行组织管理，这些头衔也都表达了其相应的职责。销售经理管理销售，营销经理管理营销，广告经理管理广告。

"谁对谁做什么"在大多数组织中比较清晰，缺少的是"需要去做什么"的意识，以及一套能够以自然的、符合逻辑的次序来完成相应工作的体系。

本书不是写给营销经理的，他们通常没有权力做我们所建议的事情，也不是写给高层管理者

"自下而上"战略不是关乎于"谁来做"的问题，而是关乎于"做什么"的问题。

的，他们也许拥有实权，但通常缺少能看到事情本来面貌的感知能力。

本书是写给那些想去实践"自下而上"战略，而又可以不受制于组织架构的人。

如果你不是高层，你也许不得不花费相当一部分精力去让你的劳动成果被你的上级消化。投入时间——这是此过程中非常必要的环节。

信息，而非证据

在深入一线之前，你应该问自己一个问题：我是在寻找信息还是在寻找证据？

大多制定战略的人从来没有深入过一线，他们走走过场，找些事实，以验证他们之前就已经形成的想法。

某种程度上，我们都是自己高谈阔论的受害者。我们宣扬管理者应该有决断力，我们确实有决断力了，甚至在我们还没有获取足够信息作为决策依据的时候。

当你深入一线时，把你的决断力留在办公室，只需带上观察事物的敏锐双眼和开放的大脑。敏锐的双眼并非必选，开放的大脑则必不可少。

你真正需要有决断力的地方，是决定亲自深入一线的时候。很多管理者将"亲自走访"推后，因为他们总是有更重要的事情去做。

没有什么比了解一线实际执行情况更重要的了。如果总是等到你有时间的时候，可能已经太晚了，因为你已经根据一些断断续续透露给你的二手信息做出了决定。你会发现，你去一线，不过是验证你的决定，而不是为了获取信息。与其这样，不如不去。

观察，而非判断

当你到达一线的时候，各种问题才刚刚开始。

观察并不是一个简单的过程。人类的大脑易于快速判断并做出结论，大多数时候，才思敏捷是个优点，但当你深入一线时就并非如此了。你必须在观察事物时避免立即判断和下结论。尊重事实，即使它们可能与你的预期大相径庭。

心智总是倾向于看到自己想看见的，克服它的一种方法是将事实写在一张纸上，然后晚些时候再读。突然间，一个已经被认为无关紧要而被否定的想法，可能会变成世界上最有意义的想法。

大多数时候，才思敏捷是个优点，但当你深入一线时就并非如此了。你必须在观察事物时避免立即判断和下结论。

一线在哪里

商战的一线可能与你想象的不一样。它不在超市、药店或顾客的办公室里，一线是潜在顾客的心智。

深入一线意味着要将自己置于一个能够探究顾客和潜在顾客可能会想些什么的位置上（想要成为一个好渔夫，你得像鱼一样思考）。

在电影《飞跃未来》（Big）中，汤姆·汉克斯虽有着成人的身体，但却是 13 岁孩子的心智。自然，一家玩具公司的 CEO 立即聘请汤姆为副

商战的一线可能与你想象的不一样。它不在超市、药店或顾客的办公室里，一线是潜在顾客的心智。

总裁。

一线可以在你自己的家里，观察你的配偶决定购买或不买哪个品牌的过程。问问为什么他决定去买一个特定品牌的牙膏或洗发水，不要把你的问题仅仅局限在自己产品所处的品类当中。一位优秀的战略家是对各种商战都有感觉的人，而不仅仅是与自己相关的。

如果你不去研究各种商战，你很容易会产生一种错觉，觉得全世界所有人都在花时间研究和评估你所在品类中的那些品牌。

第一印象很重要

不要怀疑自己的第一印象。潜在顾客就是根据他们的第一印象来行事的。

不要去回避看起来很傻气的感觉，在某些时候，听上去最幼稚的问题最终会变成最深刻的问题。

最严重的错误是带太多的包袱上一线。当你满脑子全是关于你的产品、服务或公司的信息时，你已经无法站在顾客的角度看问题了。

理想的状态是想去一线时，这个人几乎对产品或服务一无所知，那样就可以客观地评估形势了，但这非常困难。

美国企业强调的不是深入一线本身，而是在这之前的"简报"。报告人的职责是让你相信他已经了解了可能了解的一切情况。

你作为报告的接收者，在目睹之前，必须对任何信息都保持怀疑。

你需要寻找什么信息

你寻找的是一个切入点，一个事实、一个创意、一个概念、一个主张——能在消费者心智中与竞争对手所拥有的定位相区隔。

以洗涤剂为例，洗涤剂广告认为顾客需要的是什么？干净。这就是为什么汰渍（Tide）将衣服变"白"，奇尔（Cheer）让衣服"白加上白"，而宝德（Bold）直接让衣服白得发"亮"了。

你看到过一个人从洗衣机中将衣服拿出来的场景吗？如果你只是看了它们的广告，你可能会想这个人应该戴上墨镜，以免耀眼的白光伤害到他的眼睛。

大多数人基本从来不会去看衣服，但是他们常常会去闻衣服，感觉一下是不是闻上去"清新"。这项观察使联合利华推出了 Surf 洗涤剂，它唯一不同的特性是拥有两倍于竞争对手的香水含量。结果，Surf 进入市场并夺取了美国 35 亿美元洗涤剂市场中 12% 的份额。

你曾经观察过一个乘公共交通上下班的人买了一杯咖啡后，带上地铁或公交车的情形吗？他们通常会很小心地在盖子上撕开一个小口，这样咖啡就不会洒出来了。迪克斯公司（Dixie Products）随身杯部门注意到了这一情况，进而推

你寻找的是一个切入点，一个事实、一个创意、一个概念、一个主张——能在消费者心智中与竞争对手所拥有的定位相区隔。

出了一款自带饮用口的塑料杯盖。

有些切入点很难被发现，因为顾客都是通过否定的方式来表达的。阿道夫·康胜公司⊖（Adolph Coors Company）发明了淡啤［甚至到今天，康胜普通啤酒都比米狮龙淡啤（Michelob Light）含有更少的卡路里］。但康胜忽略了自己的发明，直到米勒（Miller）推出了莱特（Lite）淡啤。

但在当时，忽略这一点还是没那么容易的。在莱特啤酒推出之前，任何一个丹佛的酒吧侍者都可能会告诉你他的顾客是怎么点康胜啤酒的。

"给我一杯科罗拉多的啤酒。"

康胜本可以通过大规模传播来抢占淡啤品类，但它并没那么做。米勒却这么做了，所以直到今天，米勒莱特啤酒的销售量比康胜啤酒及它的银子弹啤酒（Coors Light）加起来还要多。

大部分切入点非常难以发现，因为它们最初看上去总是不像一个很大的成功机会（如果它们看起来像的话，其他人可能早已把握住它们了）。商战中的炮弹都是静悄悄地引爆的。

阿尔贝·加缪⊖（Albert Camus）说："伟大的创意像鸽子一样轻柔地来到这个世界。也许，如果我们仔细聆听，我们会在各个帝国与国家的喧嚣中听到微弱的翅膀拍动的声音，那是生命和希望的温柔翼动。"

当你看到第一瓶莱特啤酒时，你会说："这个品牌会是百威之后全美最畅销的啤酒？"还是你会说："又一个加布林格（Gablinger's）？"

当你第一次看到一家玩具反斗城（Toys"я"Us）商店时，你会说："这会成为30亿美元的业务，全美1/4的玩具都会从这里销售出去？"还是你会

⊖ 阿道夫·康胜公司，1873年成立于美国科罗拉多州，2005年与摩森公司（Molson Inc.）合并，成为摩森康胜公司（Molson Coors）。——译者注

⊖ 阿尔贝·加缪（1913—1960），法国著名的小说家、散文家和剧作家，存在主义文学大师，"荒诞哲学"的代表人物。加缪也是诺贝尔文学奖得主，是有史以来最年轻的诺贝尔奖获奖作家之一。——译者注

说："为什么它们把字母'R'反过来呢？"

你会在 1955 年花 950 美元买下麦当劳的特许经营权？还是你排在队伍中对自己说："它们汉堡只卖 15 美分，是如何能赚到钱的？"

1958 年，你买施乐（Xerox）的股票了吗？ 1968 年，你买安迪·沃霍尔（Andy Warhol）的《金宝汤罐头》⊖了吗？ 1973 年，你买宝马了吗？1979 年，你买曼哈顿有独立产权的公寓了吗？

1987 年，你买日元了吗？ 1986 年呢？或者之前的任何年份呢？

你收藏棒球卡了吗？你收藏超人漫画书了吗？

机会很难被发现，因为它们看上去并不像机会。它们看上去是些不同的角度，一种更淡的啤酒、一辆更昂贵的汽车、一个更便宜的汉堡、一家只卖玩具的商店。

你必须利用那个切入点或战术并将其制定为战略，这样才能真正发挥它的力量。

CEO 容易脱离一线

公司规模越大，CEO 就越容易脱离一线，这有可能成为制约企业发展的最重要因素。

影响公司发展的所有其他因素都希望公司有较大的规模。营销是场战争，而战争中的第一原则就是兵力原则。军队的规模越大，公司的规模越大，就越占有优势。然而，当大型公司无法专注于发生在顾客心智中的商战时，也就意味着他们放弃了这些优势。

⊖ 安迪·沃霍尔 (1928—1987)，美国波普艺术运动的发起人和主要倡导者。1962 年，沃霍尔以 32 幅《金宝汤罐头》系列画作举办了自己的首个波普艺术展，至今这 32 罐罐头仍在世界现当代美术史上占据一席之地。——译者注

通用汽车的罗杰·史密斯和罗斯·佩罗之间的对决就说明了这一点。当罗斯·佩罗担任通用汽车董事会成员时，他都用周末的时间去买车，他对罗杰·史密斯没有这么做非常有意见。

"我们必须在通用汽车系统里投下一枚原子弹。"佩罗说。他提倡用原子弹来轰炸的是公司里带暖气的车库、有专职司机的豪华轿车，以及高管的专用餐厅。

配备司机的豪华轿车，用来服务一家汽车公司？最高管理者与市场的脱节是大型企业中最大的问题。

如果你是一位非常忙的 CEO，对于正在发生的事，你如何获取客观、真实的信息？你如何避免中层管理者只告诉你他们认为你想听的话？

你如何能获取坏消息，而不仅是好消息？一种可能的方式是"微服私访"或者突击到访，这在分销商或零售商层面格外有效。在很多方面这就如同皇帝打扮成平民，以和自己的臣民更好地交流，而这么做的原因就是为了获取真实的信息。

就像皇帝，CEO 很少能从他们的大臣那里获取坦诚的意见，只因宫廷中有太多的纷争与阴谋。

销售团队，如果有的话，会是一个非常重要的真相来源，关键是如何从那里获取对竞争真实而有价值的评估。对于你来说，最好的办法就是去鼓励和表扬真实的反馈。一旦 CEO 喜欢诚实和真相的消息传开之后，大量有价值的信息就可能会到来。

问题的另一方面是时间的分配。通常，从事过多的活动会让你无法考察一线：太多的董事会会议、太多的委员会会议、太多的社交晚宴。一项调查显示，CEO 平均花费 30% 的时间用于"外部活动"，以及每周 17 个小时参加各种会议，而且每周还要用 6 个小时来准备这些会议。

由于一位典型的最高管理者每周工作 61 个小时，这也就只剩下 20 个小时用来做其他事情，包括管理运营和深入一线。难怪 CEO 会将营销工作委派给其他人，但这是错误的。

营销太过重要，不应该授权给下属。如果你要授权什么事情，你应该授权的是下一次资金募集活动的主席职位（你也许已经注意到，出席美国国葬的是副总统，而不是总统）。

下一个需要精简的是各种会议。不要只是各种空谈，而是要走出去，亲自去考察。就像里根总统第一次访问苏联时，戈尔巴乔夫总书记曾告诉他，"百闻不如一见"。

营销太过重要，不应该授权给下属。

"细节决定成败"

一个 CEO 应如何行使其职能？英特尔总裁安迪·格鲁夫（Andrew Grove）说得好，"在高级和中级管理层中有一种趋势，就是过于关注宏观，只做表面文章。有一句话说，'细节决定成败'。一个人可以制定出看上去十分精彩的全球战略，但其可执行性为零。只有通过熟知各种细节（执行人员的能力、市场、时机等），一个好的战略才可能出现"。

格鲁夫将自己的方法总结为一句话："我喜欢

从细节开始，再逐步推进到宏观。"说得好！这正是本书的精要。

你可能已经注意到了，英特尔一直在高速增长，而通用汽车则一直快速下滑。

细节决定成败。这同样能够使你发现适合的战术，进而演变成杰出的战略。

在华盛顿附近一个路边破旧的小旅馆里，凯蒙斯·威尔逊（Kemmons Wilson）想到了"假日酒店"的概念。那家旅馆不仅对威尔逊和他妻子每人收取 6 美元，并且对他们的 5 个孩子每人收取 2 美元。他当时想，这完全是拦路抢劫。威尔逊回到孟菲斯决定创办一家家庭旅馆，对儿童免费。第二年，他开设了第一家假日酒店。

你不是必须通过一趟旅程才能找到一个战术。吉姆·戴尔基于自己组织笔记的方法，发明了非常成功的口袋记事本。

理查德·詹姆斯（Richard James）不小心将一条长弹簧掉在了地上，结果发现它"走"起来了。43 年后，机灵鬼（Slinky）依然是儿童和大人都最喜欢的玩具之一。

玛丽·菲尔普斯·雅各布斯（Mary Phelps Jacobs）在 19 岁的时候，让她的女仆用两条手帕和一条粉红色丝带做了一件内衣。她将这项发明称为文胸，并申请了专利，后来将此专利以 1.5

细节决定成败。这同样能够使你发现适合的战术，进而演变成杰出的战略。

万美元的价格卖给了华纳兄弟制衣公司。

小公司拥有一项优势

索菲亚·科利尔（Sophia Collier）在 1977 年推出了 Soho 天然苏打时只有 21 岁。如今，她的公司年销售额有望突破 1 亿美元。

曾生活在霍皮印第安人保留地的一位素食主义者科利尔小姐，显然是从自己的生活方式中获得这个概念的。起初，与她打交道的经销商都不相信会有相应的市场。"天然苏打，"他们说，"这两个词本身不就是相互矛盾的吗？"确实如此。但这也正是那个有竞争力的心智切入点，被索菲亚·科利尔和她的合作伙伴康妮·贝斯特巧妙地加以利用。

里斯·琼斯（Reese Jones）曾管理一个在他自己家之外的麦金塔（Macintosh）计算机用户组，用户组想要共享一个在房子里其他地方的打印机。琼斯并没有直接去买一些所需要的线，而是使用了备用电话线路，并在过程中发明了一种连接器。今天，他的公司 Farallon 每月销售价值 100 万美元的 PhoneNet 连接器。

小公司要比大公司更接近心智的一线，这也有可能是它们增长速度更快的原因之一。

小公司要比大公司更接近心智的一线，这也有可能是它们增长速度更快的原因之一。

评估增长的一个关键要素是受雇人数。在过去 6 年里，规模在 1000 人以上的公司，受雇人数下滑了 9%。在同一时期内，规模在 100 人以下的公司，受雇人数增加了 17%。

人公司有各种问题导致其很难深入一线。轻骑旅的冲锋[一]是由一个没有在战场观察地形的指挥官下达的命令。

通用电气信贷公司的前主席 T. K. 奎恩（T. K. Quinn）曾说："没有哪一个与众不同的全新的家用电器是由某个巨头公司发明出来的——第一台洗衣机、电热炉具、烘干机、电熨斗、电灯、冰箱、收音机、烤面包机、电风扇、电热毯、剃须刀、割草机、冰柜、空调、吸尘器、洗碗机或电烤架，这些全都不是。"

发明了静电复印的并不是施乐，而是切斯特·卡尔森（Chester Carlson）；建造了第一台计算机的并不是 IBM，而是约翰·莫克利（John Mauchly）和普雷斯伯·埃克特（J. Presper Eckert）。

CEO 的问题

如果你是 CEO，你有一个制定战略的显著优势：你可以批准一项计划和方案，紧接着它就会被执行。

不幸的是，CEO 往往是与市场最脱节的人（他并不是靠让顾客满意而当上 CEO 的，而是靠让前任 CEO 满意，后者是比前者还要脱离市场的人）。

问题之一是高层和底层之间的管理层级太多。层级越多，你就越容易与市场相隔离。如同蛋糕一样，表面亮丽的糖霜与底层受潮的蛋糕相互隔

[一] 轻骑旅的冲锋发生在 1854 年，是克里米亚战争中的著名战役。由于命令传达不清晰，加之上级与部下观察战场情况时的视角差异问题，导致战役伤亡惨重。——译者注

绝。太多的层级容易过滤掉坏消息，只传递好消息。当情况开始变糟时，CEO 往往是最后一个知道的。

减少层级能够使 CEO 在心理上与一线更为接近。一项对 60 家公司的研究显示，表现最佳的公司，管理层级不超过四级，表现糟糕的公司大约会有八级。

除了管理层级的问题，组织本身也会让 CEO 深入一线变得非常困难。

大部分对战场的考察，会被基层人员安排成仪式感十足的"盛大之旅"。一切都会清理干净，并精心安排，看上去都很美好。

他们建议你将考察视作鼓舞士气之旅，而不是获取信息之旅。你的向导会对你说，"将阳光洒向了战壕"。

接着就是公司的随从人员。一些 CEO 觉得他们没有随从人员无法出行，如司机、保镖、侍者、助手、秘书、演讲稿撰写人、先行人员、大厨和发型师等，但一个想法或实情很难穿透这个密集的防护阵形。

为了了解实情，有些 CEO 会做出特别的努力。"当我们进入生物技术领域时，"孟山都公司的理查德·马奥尼（Richard J. Mahoney）说，"我发现我需要批准一些我并不了解的事情，所以我

问题之一是高层和底层之间的管理层级太多。层级越多，你就越容易与市场相隔离。

接着就是公司的随从人员。一个想法或实情很难穿透这个密集的防护阵形。

学习了一系列的教程，然后进入实验室，穿上实验服，亲自进行实验。"

哈佛大学的政治学家理查德·诺伊施塔特（Richard E. Neustadt）指出，一个成功的 CEO 必须像政治领袖那样积极地寻找信息。

"不是普通意义上的信息就可以帮助一位总统看清自身所处的情况，"诺伊施塔特写道，"只有将一些零碎而真实的细节在他大脑里拼凑起来，才能看清摆在他面前问题的深层实质。要对自己有所帮助，他必须尽可能广泛地获取任何一个事实、观点和传言，只要它们是关于总统的自身利益和各种关系的信息。"

基层员工的问题

在公司这块蛋糕的底部是最基层的员工。如果你是团队里最新、最年轻、最没有经验的成员，你就拥有一个巨大的优势。你身处一线，总是能够吸收一线的各种详细信息，而这些都是 CEO 不惜任何代价想要知道的信息。

多好的机会！但大多年轻人白白浪费了这些机会，因为他们更关注内部而不是外部。他们将注意力集中在公司内部发生了什么，而不是公司外部的顾客和潜在顾客正在发生什么。他们向各自的主管汇报他们想听到的，而不是他们应该知道的信息。

所有这一切是存在一定逻辑的。告诉你的老板说他是错的，是无法让你获得晋升的；只有不断地认同你的老板，你才能升职（"这个年轻人很聪明，他跟我想的一样"）。

亲爱的读者，如果你正在从事你的第一份工作，你应该学会如实汇报。我们必须提醒，不是去表达你的观点，而是汇报市场中正在发生的实际情况。只有在战术层面成为敏锐的观察者，你才能习得技能，进而获得战略层面的杰出才华。

有太多的新手想从高层做起，这也是刚刚毕业的 MBA 都跑到咨询公司工作的原因。但各公司也开始变聪明了。"当我见到一个没有实战经验的年轻咨询顾问时，"弗兰克·珀杜（Frank Perdue）说，"我真的很难相信他。人们需要明白他们不是对所有事都无所不知，从底层开始逐步发展并没有罪过。"

哈里·杜鲁门（Harry Truman）曾说："最值得学习的东西，正是那些你对其全然了解之后才能领悟到的东西。"

只有在战术层面成为敏锐的观察者，你才能习得技能，进而获得战略层面的杰出才华。

中层的问题

大多数企业的活动都是通过中层执行的。高层管理者制定战略，但其必须由中层管理者将公司的战略转化成战术，而他们更需要深入一线。

高层管理者制定战略，但其必须由中层管理者将公司的战略转化成战术，而他们更需要深入一线。

中层管理者也经常与市场脱节，他们并没有时间能够深入一线。他们有太多的会议需要参加，有太多的计划要写，有太多的书面工作要处理（如果家庭是按照企业的方式来运转，孩子们不提前一周填好支出账单的话，那他们就拿不到零用钱了）。

大多数公司制订计划的各种流程也为中层管理者与市场脱节做出了很大的贡献。很多管理者根本没有时间考察一线，他们都忙着写计划文档了，而这些文档理论上是应该基于他们对一线的考察之上的。

当他们由于意外而触及真实情况时，他们有时会深感震惊，因为他们发现自己的计划是基于虚渺的信息，而不是事实。

例如，金融服务行业的爆发，所有人都在销售、推广、营销金融服务产品。

股票经纪人不再卖股票了，他们转而销售金融服务——年金、共同基金、市政债券。

人寿保险公司也不再只销售人寿和财产保险了。引用旅行者保险公司（Travelers）的广告，它们销售"多元化的金融服务"，包括抵押贷款、养老基金、共同基金、HMO 和 PPO 等。

商业银行想成为你终生的金融伙伴，为你提供信用卡、保险等，应有尽有（在花旗或是大通银行开个账户，你的信箱每天都会被塞满，你会发现一些让人难以置信的金融服务）。

前往金融服务市场的前线去听一听顾客和潜在顾客的声音。你曾听到有顾客说过"金融服务"这个词吗？例如，"亲爱的，我们去趟储贷银行，办一些金融服务吧。"

顾客不会用这么宽泛的词，他们会使用具体、特定的词，比如抵押贷款、股票、汽车保险、年金、房屋净值贷款等。但是，服务于这些顾客的公司，其做法正好相反，它们宣传自己可以提供所有的金融服务。以军事来类比，我们称为"全线出击"，这种做法几乎从不会奏效。

创业者的问题

一个字——钱。在其他的各个方面，一些创业者要比众多的公司管理者都拥有一项巨大优势。

创业者身处一线，他们的想法和概念往往出自个人的亲身体验。他们有能力自己做决策，因为他们不需要寻求其他人的批准。因此，很多市场上的成功，都是由创业者一族造就的。

但是，资金是通向成功的主要障碍。阻挡创业者的不是想法不够，而是缺少风险投资。如今在很多领域，启动资金动辄百万美元甚至更多。

联邦快递在开始盈利前，吸纳了超过 8000万美元的外部资金，并且弗雷德·史密斯（Fred Smith）自己也花费数百万美元，以保证业务持续运转。

没有捷径

无论你是个体创业者还是企业管理者，无论你效力于大公司还是小公司，无论你处在一个组织的高层、中层还是底层，对于实践"自下而上"的营销战略都没有捷径。

然而，只要你愿意付出努力，机会就是非常多的，因为这么做的人实在太少了。大部分管理者高高在上，手捧着公司使命和五年计划向下俯视。

对于"自下而上"的思考者来说，他们都是非常容易解决的对手。

只要你愿意付出努力，机会就是非常多的。正在这么做的人实在太少了。

BOTTOM-UP MARKETING

第3章
03

观 察 趋 势

30 年间，世界发生了何等的变化。

"变化"，是关于战略最根深蒂固的观念之一。在过去的 30 年里，世界发生了什么样的变化呢？通过本书作者普通的一天，我们来看看发生的巨变。

生活中的一天

早晨，闹钟响了，起床，洗澡，刮胡子，穿衣服，吃早餐，再开车去火车站。这些与 30 年前完全一样。

也许，我们观察得更仔细一点，会发现一些显著的不同。可能是洗澡的香皂变了？不对，过去和现在用的都是象牙牌肥皂。

洗发水倒是发生了很大变化。过去我用 Prell，现在是一个叫 Style 的牌子（我女儿却在用 Prell）。

让我们从淋浴间转移到盥洗台。变化太大了，我的吉列 Atra 剃须刀有双层刀片，替换了我之前用的吉列单层刀片；除臭剂变成了现在的止汗剂；牙膏从高露洁换成佳洁士（在 20 世纪 60 年代早期，美国牙医协会的许可认证改变了我的选择）。

但是，当我穿衣服时，才真正开始注意到明显的变化。不知什么原因，我的衬衫里面不再穿 T 恤衫了（也许是追求简单的趋势吧）。鞋子没了鞋带，裤子没了翻边，而且我也不戴领带夹了。为了平衡一下追求简单的趋势，我在西装口袋放了手帕，衬衫上戴了领针。我的手表现在是装电池的，不需要再去拧发条了。我的钱包放在上衣口袋里了，而不是裤子的口袋。

我的早餐是橙汁和麦片，就与我 30 年前吃的一样。我也喝了咖啡，但是加奶油，加糖，也不含咖啡因。

之后我开着汽车去地铁，但如今汽车的发动机是八缸的，不再是六缸的，而且用的是无铅汽油。

在公司，我还像以前一样开会，也像以前一样用纸笔的方式写信。我有一个助理，她会将信的内容输入一台依然很像打字机的机器，但那已经是一台电脑了。

我的电话，变化可就大了。它以前都是黑色的，现在是白色的。

下班后，回到家，接着做我 30 年前就在做的事情：一边看电视，一边想想我的生活发生了多少变化。

如果我必须说出两项在 30 年生活中最重要和显著的变化，那肯定会是我的双层刀片剃须刀以及汽车中的无铅汽油。

我都等不及想要看到在未来 10 年里，将要发生哪些难以置信的变化。我的剃须刀里有三层刀片？我的汽车油箱里是酒精而不再是汽油？

炒作与现实

如果阅读当日的报纸或全国性杂志，你看到的世界会与真实情况截然不同：难以置信、天翻地覆的变化，每天都在上演。

"20 世纪 80 年代结束了，人们不再那么贪婪。"《新闻周刊》最近一期的封面报道写道。

人们不再那么贪婪？就这么简单？你最好相信，因为《新闻周刊》说："几十年不只是日历上的时间，它是趋势、价值观和思想在国民记忆中的相互融合。它们在某晚的零点发生或结束，而且总是趁着人们没有关注到它们的时候。"

玩具反斗城的 CEO 查尔斯·拉扎勒斯（Charles Lazarus），1987 年赚了

6000 万美元之后，1988 年就去南美洲的美国和平队[⊖]工作了？我们深表怀疑。

"嘿，兄弟，和平与你同在。"这是现在华尔街打招呼的方式吗？在美国，真的发生了像《新闻周刊》所说的变化吗？

当你开始密切观察趋势时，记住，大部分所谓的"趋势"是为了卖出更多报纸和杂志而被制造出来的，不是用来帮你制定战略的。

然而，大部分战略制定者更倾向于相信这些炒作的话题，而不是真实情况。"影响消费者的各个因素正在不断地发生深远和不可逆转的变化，"一位管理大师说，"因此，需要观念上的根本转变：要从管理企业转变为管理变化。"

那些变化都在哪呢？无纸张、无现金、无支票的社会如今在哪呢？

第三次浪潮、大趋势、第二次工业革命，以及能够让每个人在家对着电脑或可视电话办公的信息化社会都怎么了？它们又在哪呢？

说真的，可视电话[⊖]如今怎么样了？

你拥有了属于自己的直升机吗？那种据说要

当你开始密切观察趋势时，记住，大部分所谓的"趋势"是为了卖出更多报纸和杂志而被制造出来的，不是用来帮你制定战略的。

⊖ 和平队，是由美国联邦政府管理的志愿者组织，成立于 1961 年，最初构想由肯尼迪在总统竞选中提出。主要使命是向第三世界国家提供教师、医生、护士和各种技术人员等志愿者，通过帮助第三世界国家的社会发展，增强美国对新兴的第三世界国家的吸引力，并以此向这些国家传播美国文化及价值观。——译者注

⊖ 可视电话（picturephone）的概念，最早于 1878 年提出，德国在 1930~1940 年提供了可视电话服务，美国在 20 世纪 60 年代由 AT&T 贝尔实验室生产出了相应的产品并面向大众做了传播，本书写于 1989 年。——译者注

替代汽车，淘汰高速公路的伟大发明又在哪呢？

你现在每天都通过电视阅读你的电子报纸吗？就像 20 年前保证过的那样。

现实情况估计是永远没法赶上新闻炒作的发展速度了。未来总让人感觉翻过下一个山头就到了。

但是，当你坐下来思考战略时会怎样呢？"我所在的行业、所有事情都在发生迅速的变化"往往是你的第一个想法。

就像海洋中的波浪，所有事情都在不停地变化，但这些变化都是短期的，它们阻碍了你发现长期的趋势。

就像海洋中的波浪，所有事情都在不停地变化，但这些变化都是短期的，它们阻碍了你发现长期的趋势。

举个例子，如果你在食品行业，所有炒作的话题都集中于鸡肉和鱼肉。"牛肉已经不行了，所有人都在吃鸡肉和鱼肉了。"实际上，牛肉的人均消费量超过了鸡肉和鱼肉的总和。

但也许你会想牛肉的消费量正在下滑，实际上，其人均消费量在过去的三年里一直在增长。那只是在变化的海洋上的一波海浪，未来将会发生什么就是另外一回事了。

未来的办公室

近些年，没什么话题能有如此的热度了。但是，今天的办公室相比"未来的办公室"，反倒是与过去的更为相像。

今天早晨你很可能喝了杯咖啡，看了邮件，口述了几封信件，打了几通电话，还从档案柜中拿出了些文件。美国公司中与你类似的其他同僚估计也做了同样的事情……在 50 年前。

所谓未来的办公室发生了什么事呢？讽刺的是，如今日常办公中发生的最显著变化与电子技术毫无关系，而是因为联邦快递的出现，也就是 20 世纪时的驿马快信⊖。

依靠电脑的自动化办公系统究竟发生了什么事？像很多其他被过度炒作的概念一样，"未来的办公室"仍藏在未来的某个地方，从来没有感觉正在接近现实。

传言总是靠其自身内容就能不断传播。因此，深入一线并不是指读一读你最喜欢的报纸或商业读物。

一旦像"未来的办公室"这样的想法被撰写成文章，它就会被持续报道。炒作会制造一波又一波的炒作。

你认为编辑和记者都在读些什么？没错，就是其他编辑和记者的文章。相比进行原创内容的写作，这要简单得多，也划算得多。

你无法预测未来

你无法预测未来，因此也不要做此打算。

当《大趋势》（*Megatrends*）刚进入书店，并预测美国南部地区将崛起时，刚好相反的事情开始发生了。东北部地区腾飞了，违背了趋势，违背

⊖ 驿马快信（Pony Express），1860 ~ 1861 年于美国开办的快递业务，邮路横跨北美洲。它是电报发明之前，美国东西两岸最直接的联系方式。1861 年 10 月 24 日，第一封电报从旧金山传送到华盛顿特区。两天后，驿马快信宣告终结。——译者注

了"专家"的预测。

《财富》杂志 1987 年 10 月 26 日刊，在当月 12 日就进入了报亭，封面是格林斯潘的照片，他是美国首席经济学家和美联储主席。

"为什么格林斯潘对形势如此看好？"《财富》的封面写道。一个星期后道琼斯指数下跌了 508 点，市值损失达 22.6%。格林斯潘的预测与黑色星期一[⊖]的市场现实相差十万八千里。

早在 1917 年，美国内政部就预测美国的石油储量只能够维持 27 年。50 多年后，在 1975 年，美国政府的预测只够维持 12 年。我们在 1987 年没有石油用了吗？

问题之一是，短期的趋势会自动进行调整，就像股票市场。牛肉消费的增加导致牛肉价格的上涨，这又会引发牛肉消费的下降。

同样地，消费者对网络电视广告时间的需求已经减弱，网络电视价格不用下降太多就可以再次激发需求。

致命缺陷

很多战略的致命缺陷，就在于它们是建立在

很多战略的致命缺陷，就在于它们是建立在"对未来预测"的基础之上。

⊖ 黑色星期一（Black Monday），指 1987 年 10 月 19 日（星期一）的股灾。当日全球股市在纽约道琼斯工业平均指数带头暴跌下全面下泻，引发金融市场恐慌和随之而来的 20 世纪 80 年代末的经济衰退。——译者注

"对未来预测"的基础之上。

很少有预测是显而易见的。通常，它们深藏在假设当中，你需要一个语言学学位才可以将它们搜寻出来。

最常见的错误就是推断趋势。如果你听信了前几年的预言，那今天我们所有人都在吃烤鱼或烤鸡了。

关键是，基本的习惯改变起来非常缓慢，而且媒体常常夸大微小的变化，结果是企业对形势产生了错判。这正是麦当劳和汉堡王投身到鸡肉大潮中的原因，也是雅芳放弃"在家购物"这一理念的原因。

与推断趋势同等糟糕的，是认为未来是过去的重演。当你假设不会有变化时，你同样是在非常确定地预测未来，就和你预测会有变化是一样的。

记住彼得定律："出乎意料的事总是会发生。"

彼得定律："出乎意料的事总是会发生。"

Slice 的故事

Slice 是百事可乐推出的碳酸饮料，分含糖和健怡两种。

我们会建议 Slice 仅做健怡饮料这一个品种（由于它用的是果汁调味剂，健怡 Slice 只含有 28 卡路里热量）。原因是可以更好地将 Slice 定位为瘦身和健康饮品。换句话说，一个只有健怡品种的 Slice 会使产品更为聚焦，而聚焦在商战中总是好的战略。

"健怡"战略意味着忽略了含糖饮料市场，而这部分市场占据总体饮料 80% 的份额。所以，Slice 推出时成了两方面兼顾的产品。做得不错，但以我们的观点，如果只是单一的健怡产品会更好。

事实证明，软饮料市场健怡产品的增长正在不断侵占含糖饮料的份额。例如，现在可口可乐总销量的 27% 是健怡可口可乐。

就像你可能预料到的，Slice 健怡产品的销量超过了含糖 Slice。如果聚焦于健怡产品，我们相信它会获得更高的市场份额。广告可以更好地关注瘦身和健康，比如宣传 "Slice 加入了果汁，减少了卡路里"。

单个产品并不总是 "跟随市场的节奏"。尽管含糖产品占据了可乐 73% 的市场，但在无咖啡因可乐中，健怡可口可乐的销量是含糖可口可乐的四倍多。

你无法预测敌人

那些 "知道" 敌人下一步行动，并以此来制订作战计划的将军，是在 "预测敌人"，这是另一

常胜将军更倾向于制订有效、可行的作战计划，而不管敌人做什么。这正是优秀战略的本质。

种形式的预测未来。他们通常会成为常败将军。

常胜将军更倾向于制订有效、可行的作战计划，而不管敌人做什么。这正是优秀战略的本质。

当你预测敌人的行动时，相当于买了一张彩票，同时也将公司的未来置于风险当中。

在拉斯维加斯、大西洋城甚至在华尔街，赌一把也许没什么问题，但是对于企业的战略来说就并非如此了。

你可以创造未来

"预测"未来与"创造"未来之间同样存在区别。

当你预测未来时，你是将希望寄托于消费者行为的转变，并且其会在不久的将来发生，你是在守株待兔。

当你创造未来时，你推出一款产品或一种服务，而它的成功本身会"创造"一个趋势。本质上，你是在开创一种新品类的潜力，军事上我们称为侧翼战。

所有成功的侧翼战都会创造出自己的未来，它们不会依赖战场之外的因素。

奥威尔·瑞登巴可美味爆米花就冒险一试，认为人们愿意为高端爆米花付双倍的价钱。在如今富裕的社会，这是一次不错的冒险。

史都华（Stouffer's）认为人们愿意为冷冻餐食付 3 美元高价，并大胆一试。公司给了它一个 3 美元的概念（低卡路里美食），以及一个 3 美元的名字"瘦身餐"（Lean Cuisine）。史都华开创了冷冻餐品类，并且瘦身餐的年销售额已超过 3 亿美元。

趋势 VS. 流行

有一些长期趋势，它们与不断发生的短期变化有非常大的区别。

成年人吸烟的比例从 1970 年的 37% 下降到 1980 年的 33%（4 个百分点的下降对烟草行业有巨大的冲击）。长期趋势发生得非常缓慢，人们不会在半夜起来之后就再也不吸烟了。

在 25 年的时间里，成年人的咖啡消费量从每天 3.1 杯下降到 1.7 杯。下滑会一直持续吗？你可以合理地认为会的。60 岁以上的成年人，79% 喝咖啡；20 ~ 29 岁年龄段，只有 41% 喝咖啡。咖啡的消费量会持续下滑。

如何分辨一时流行和长期趋势？电视电话与录像机？浪花与大潮？

这并不容易。趋势通常需要 10 年甚至更长的时间才能观察。即使这样，你也总是无法确定。

例如，牛肉人均消费从 1975 年的 88 磅[⊖]下滑到 1980 年的 77 磅。之后，牛肉消费又开始增长。

正当所有人认为慢跑将替代晚间棒球，成为美国最受欢迎的运动的时候，它出现了迅速的衰退。所以，对于现在的 Nautilus 健身热潮[⊜]，人们又该如何预测呢？

很难说。

没人再吸烟了

分辨长期趋势和短期流行的另一种方法是寻找因果关系。吸烟量的下

⊖ 1 磅 =0.4536 千克。

⊜ 20 世纪 60 年代末，美国人亚瑟·琼斯研发出革命性的 Nautilus 健身器，并由此创立 Nautilus 公司。亚瑟·琼斯出生于 1926 年，于 2008 年去世。——译者注

降不仅仅是简单地下降，它也是 1964 年美国卫生局局长关于吸烟的报告，以及相应所引发的抵制吸烟的宣传所导致的结果。在 1964 年，超过一半的成年男性吸烟，现在只有不到 40% 了（女性吸烟比例从 33% 下降到 29%）。

另一项重要的事实是，1964 年在抽烟的医生当中 2/3 已经戒烟了。由于他们对大众人群的影响力，这些医生很有可能将这一趋势保持下去。

即使是最显著的趋势也容易被进一步夸大（两位女士在吃午餐，其中一位对另一位说"没人再吸烟了"）。她只说对了一部分。在过去 25 年里，女性吸烟人数占比真正下降量是 4%。

从明显的程度来说，能感受到女人们戒烟也就相当于看到了小草长高了那么一点。"没人再吸烟了"就与"没人再吃白面包了"一样（今天的面包总销量里 70% 依然是白面包）。

当然，吸烟和吃白面包的人很明显在减少。这是一个很强的趋势，同时也引出了长期趋势与短期变化的另一个不同点。

趋势包含缓慢的变化

"人人都在工作"是另一个被夸大的趋势。如今，在那些孩子不满 6 岁的女性当中，大概有 55% 的人在工作。但在 8 年前，这一比例大约为 45%，所以这个发展迅速的趋势（这确实是个趋势）也就是指每年有 1 个百分点的就业率增长。

"人类正在逐渐老龄化。"是的，人们更为长寿，人口平均年龄也在提升。但在修改你的战略之前，你或许应该看一眼实际情况，而不是这个炒作话题。

1950 年，人口平均年龄是 30 岁，今天大概在 32 岁左右。人口平均年龄增长 2 岁，花了近 40 年的时间。而且在这些数字中仍隐藏着一些周期性的起伏变化，1950~1970年，平均年龄从 30 岁降低到了 28 岁。

也就是说，有 20 年炒作的话题会是"人类正在不断年轻化"，紧接着的 20 年又会是"人类正在逐渐老龄化"。

这些炒作话题的变化要远多于人口真正的变化。

趋势通常包含很多缓慢的变化。风靡一时的风尚就像时尚，总是来得快，去得也快。

> 趋势通常包含很多缓慢的变化。风靡一时的风尚就像时尚，总是来得快，去得也快。

1987 年的股灾就说明了其中的区别。如果你在 1986 年的最后一个交易日买入股票，之后在 1987 年的最后一个交易日卖出，你能有多大的损失呢？换句话说，1987 年是多糟糕的一年呢？实际上，道琼斯指数 1986 年收盘时为 1896 点，一年后为 1939 点。因此，平均来讲，你的股票比前一年有 2.3% 的增长。

在股价增长的长期趋势中，股灾只是一个备受关注的热点话题而已。

当电子表的销量一夜之间迅速飙升时，你知道它只能流行一时。同样你该知道，当冷酒器的销量在连续两年爆炸式增长后也会降下来。

相反，微波炉的起步很缓慢。如今，一半以上的家庭有微波炉，该比例比洗碗机还要高。

在办公领域，相似的产品是传真机，就像微波炉一样，传真机同样起步缓慢。如今，传真的发展势头（从长期来看），是美国邮政局（传真天生的竞争对手）难以阻挡的。

短期流行和长期趋势的另一区别，在于流行的事物会占据所有媒体。一个短期流行的事物非常具有新闻价值，因为它通常都是发展非常迅速的；趋势能获得的媒体关注就少多了，因为它们发生得太过缓慢了。

但如果对于已发现的趋势操之过急的话，也会被一盆冷水浇下来的。很显然，在管制规定撤销后，美国人乘坐飞机增多。因此，布兰尼夫航空公司（Braniff）的 CEO 哈丁·劳伦斯（Harding Lawrence）一天之内买入 40 架新飞机，并开设了 16 条新航线。但由于之后经济下行，燃油价格翻倍，这一举动直接让这家 1978 年获得 4500 万美元净收益的公司，在 1979 年亏损了 4400 万美元。

日益提升的期望

但是，有一种趋势是很多高端产品成功的原因，如劳力士手表和捷豹汽车，这种趋势或许可被称作"日益提升的期望"。

例如，对比一下 1960～1985 年这 25 年，家庭平均收入在 1960 年时为 5620 美元，25 年后，这一数字是 27 735 美元，几乎增长了 5 倍。也许这 2.7 万美元能买的东西没办法达到过去的 5 倍，但大多数人感觉更富裕了，因为他们口袋里的钱多了（实际上他们确实富裕了，1985 年消费者物价指数仅为 1960 年平均值的 3.6 倍）。

消费者不仅口袋里的钱多了，教育水平也在相应提高。

1960 年，25 岁以上成人只有不到 8% 有大学学历，到了 1985 年，这一比例达到了将近 20%。一位哈佛大学毕业生会满足于开雪佛兰吗？或者普林斯顿大学毕业的校友开普利茅斯？他们带动了沃尔沃和宝马的发展，不管他们是否负担得起。

调研的作用

你也许会认为，为了"观察趋势"，我们会非常重视市场调研。

我们并没有。

制定有效的企业战略所需的数据，在当地的图书馆、政府或你喜欢的行业刊物上就可以获取。这些研究可以真正告诉你人们在过去都做了些什么。

当你想通过调研知道人们将要做些什么的时候，你会碰到麻烦了。人们通常是用一种他们认为合乎情理的方式来回答问题，尤其在焦点小组当中，镜子背后有人在观察自己的反应时。

当你想通过调研知道人们将要做些什么的时候，你就会碰到麻烦。

秘诀是找到人们隐藏起来的答案。谁愿意承认他们吃快餐而不是有营养的食物呢？有多少高管会承认他们讨厌写信，或者觉得电脑很可怕呢？谁会承认自己老是在煲电话粥呢？

反向思考的作用

对立的观点总会有市场。

在过去的 100 年里，美国历史上最一边倒的总统选举发生在 1920 年。在那场选举中，共和党人沃伦·哈丁获得了 61.6% 的选票，民主党人詹姆斯·考克斯获得了 34.9% 的选票（社会党人尤金·德布斯获得了余下的 3.5% 的选票）。

在 20 世纪最大的总统竞选失败中，败选者仍获得了 1/3 以上的选票。今天，很多品类中，即使领导者品牌的市场份额都还没有达到这一水平。

什么造就了民主党？其中一大部分是靠共和党。当工会领袖发现大多数商业精英都在支持一个党派时，猜一下哪个党派能获得工人们的选票。

什么造就了共和党？同样的道理。

由于大多数公司都急于追随流行，如果你选择相反的方向，往往可以有大收获。

观察商战中的那些胜与败，你会发现，大部分成功的产品是与市场背道而驰的。

假设你的任务是推出新品。观察商战中的那些胜与败，你会发现，大部分成功的产品是与市场背道而驰的。也就是说，如果所有人都在生产同一种产品，试一试与其正好相反的方向。

瘦身餐取得了巨大的成功，因此全美美食公司（All American Gourmet Company）反其道而行之。现在，它的实惠美食（Budget Gourmet）产品在冷冻餐食市场占有 15% 的份额。

进口啤酒在美国成功的原因之一是它们更为浓郁，而美国啤酒都较为清淡。现在阿姆斯特尔淡啤（Amstel Light）转变了这种情况。就像实惠美食，阿姆斯特尔淡啤取得了巨大的成功。

纵观历史，"反其道而行"的案例也是不胜枚举。当所有人都在追随 IBM 做大型计算机时，DEC 采用"小型"的策略，转而生产小型计算机，并以此成为全球第二大计算机公司。

当通用汽车一直致力于生产大型轿车时，大众汽车推出小型轿车；正当汽车行业要放弃敞篷车时，李·艾柯卡（Lee Iaccoca）让它重新火了起来。

就像这样，在大分量的时代，受欢迎的新兴食品品类承诺只提供单份套餐；当汉堡连锁转型为堂吃餐厅时，更多的顾客似乎只是选择汽车外卖窗口。

这里想讲的道理很简单，找到一种方法去做与所有人都不同的东西，你可能就会发现一款能大获成功的全新产品。

> 找到一种方法去做与所有人都不同的东西，你可能就会发现一款能大获成功的全新产品。

现实的作用

任何战略的制定都必须立足于现实，但不切实际的想法有时总会变得十分强烈。

会议桌上的讨论内容往往好高骛远，不切实际。"所有人都在喝Perrier""没人再吸烟了""国产车已经完蛋了"，相信你知道那些场景。

不要在会议桌上完成你的思考，你会很容易被那一周流行的话题引入歧途。

牛排&爱尔啤酒（Steak & Ale），这家品食乐集团（Pillsbury）下的连锁餐厅，考虑到媒体对高胆固醇危害的大肆报道，认为没人愿意再吃牛排了。于是，这家餐厅的菜单中增加了虾、鱼和鸡肉，结果销售急剧下降。

之后它们迅速回归到自己最初的概念，但"健康食品"这个弯路破坏了它们的发展势头，很难再恢复了。

"现实"不是一个让人兴奋的概念，这也是商学院没有开设与"现实"相关课程的原因之一，它们教的是"跟随市场的节奏"。

十有八九，市场会跟随当下流行的热点，而下周又会有新的变化。

你无法带领公司的航船去追赶《华尔街日报》或《纽约时报》中的每一个浪头，而应当掌好舵，让公司能够利用好长期的趋势。

不幸的是，对于你制定战略而言，媒体通常看不到长期趋势具有的新闻价值，直到一切都为时已晚。

BOTTOM-UP
MARKETING

第4章
04

聚　焦

你已经深入一线，获取了大量信息，也认真观察研究了影响你所在市场的长期趋势，现在你应该做些什么呢？

聚焦。

历史上，战争取得胜利是因为将军能够将其兵力集中于决胜点。换句话说，这些将军能够将他们的资源聚焦于前线的单一进攻点。

"集中兵力形成压倒性优势，"克劳塞维茨说，"这是军事上的基本原则，必须首先树立这一目标，并且要尽全力保持这一优势。"

滑铁卢战役的胜利，是因为威灵顿将军能够在关键时刻让普鲁士盟军加入这场战争。

拿破仑兵败滑铁卢，是因为他没能在同一时间只针对一个敌人作战。

聚焦违反本能

在实战当中，聚焦是非常强大的概念，因为它与人类的本能反应和行为习惯刚好完全相反。

在实战当中，聚焦是非常强大的概念，因为它与人类的本能反应和行为习惯刚好完全相反。战场指挥官总是会迫于压力去平息大量小规模交火。因此，他会在这里派遣一个班，那里部署一个连。当决战时刻到来时，他已经没有压倒性兵力来确保胜利了。

商战也是同样的道理。我们研究过的每家大

型公司都不是在打一场战争，而仅仅是在数百场小规模冲突中作战，不断分散兵力。当真正的大机会出现时，也就无法确保胜利了。

从这个意义上来讲，人类本能总是顺从自然规律。熵（entropy）是自然科学中用来测量一个系统混乱程度的度量。在一个封闭系统中，如宇宙，熵总是在不断增长，而可获得的有效能量却在持续减少。

你会发现，在今天的公司里，人们也是自然而然倾向于分散公司资源，去开发新市场、新产品，以及现有产品的新用途。还有，不断进行品牌延伸，以充分利用公司和品牌名称所具有的价值。耗散是现今世界的主旋律（"品牌杠杆"就是对耗散概念的最新表达）。

如果任其发展，在公司这种封闭系统中，熵会持续增长。有效能量不断减少，使得公司在面对竞争时变得不堪一击，无论是在资本市场还是在街头巷尾。

冰激凌在融化

以哈根达斯专营店为例，根据《华尔街日报》的观点，它们可能很快会成为历史。

哈根达斯 325 家专营店的销量持续下滑，其所有者品食乐公司似乎正在考虑关停这些门店。

出了什么问题？同样的哈根达斯冰激凌，超市里售价更便宜。为什么会这样？当然是品牌延伸。

问题在于，品牌延伸听起来总是很有道理。"借助良好的品牌声誉，我们可以通过两种方式来销售相同的冰激凌。专营店可以建立广泛认知和增加顾客体验，超市可以产生销量。"

又是协同理论在作怪。这些公司什么时候才会明白？成功之路只有一条，而不是两条、三条或更多。简言之，就是一个词——聚焦。

第二次世界大战中，取得胜利的进攻都是沿着单一路径发动的，而不是面向广阔的前线战场展开。

偏离路线

最适合说明两条路不如一条路的例子，可能就是美国汽车公司（American Motors）了。

在过去10年里，如果美国汽车公司聚焦于赚钱的吉普（Jeep），同时砍掉赔钱的轿车产品线，谁会相信它不会比现在更成功呢？

约瑟夫·凯比（Joseph E.Cappy）就不这么认为。这位美国汽车公司的总裁说："如果在汽车行业想成功的话，你需要两条腿走路，一条腿是吉普，另一条腿是轿车。"（在商战中，事实恰好相反，就是要一条腿走路。）

他说的是英语，但伴有浓重的法语口音，这是典型的"自上而下"思维。人们搞不明白雷诺（Renault）是想让美国汽车公司赚钱，还是想推广雷诺轿车。

现在美国汽车公司已经离我们而去了，它的新东家——克莱斯勒，打算怎么做呢？

放弃轿车产品线，重新命名经销商为"吉普"。对聚焦来说，这迈出了很好的第一步。

克莱斯勒的第二步却对第一步造成了破坏。它推出了全新的"鹰"牌轿车，由"吉普/鹰"经销商销售。

又一次重蹈覆辙。

如果你深入一线，也就是到经销商那里，你就能发现不聚焦所产生的负面影响。如果只销售吉普，销售队伍的组建就可以从那些热衷四轮驱动、注重功能和反对花哨的汽车"信徒"中挑选合适人选。服务队伍也可以成为这一领域的专家。

同时销售吉普和鹰牌轿车，销售和服务队伍的焦点就会分散。若有顾客到访，销售人员不能说："欢迎来到朴实无华、功能强大的吉普世界。"

销售人员会说："您想要买哪种车呢？"

"我们什么都有"的战略效果，就相当于同一间教堂想要分别提供新教和天主教服务来吸引所有人一样（"打开圣母玛利亚上面的灯吧"，管理人员会说，"5点钟的弥撒要开始了。"）。

聚焦不合逻辑

如果好处那么显而易见，为什么鲜有企业采用聚焦战略呢？

首先，聚焦的好处并非显而易见。表面看来，聚焦似乎会减少业务量。

以一家鞋店为例，其销售额80%来自女鞋，其余来自男鞋。如果专做女鞋，其业务量会减少20%，这看上去非常符合逻辑。而且也非常可能会是这样……如果所做的仅仅是放弃男鞋业务的话。

这也是你不能孤立地评估一个战术有效性的原因。你必须将这个战术上升为相应战略，之后再问自己："专营女鞋的战略能使我的鞋店更有竞争力吗？"

这也不应是向自己提出的第一个问题。将战术转化为战略，需要你对整个战略执行过程有完整的思考。

例如，家族式鞋店名字很可能不适用于女鞋店，它需要更名。

战术是攻击点，而战略是组织
运营的过程，以最大限度推动
战术。

同样的思考应该运用到鞋店相关的各个方面，包括款式、橱窗陈列、定价，当然还有广告。

战术是攻击点，而战略是组织运营的过程，以最大限度推动战术。

我们所说的战术，是指本质上指向竞争的战术。在鞋店例子中，我们假设竞争对手也都是些家族式鞋店，并且同时销售男鞋和女鞋。聚焦意味着诉诸一个更为细分的市场，并与竞争对手的做法相反。

如果竞争对手已经分别聚焦于男鞋或女鞋，那你必须寻找其他战术了。

为什么范围越小的聚焦总是优于相对宽泛的聚焦呢？

在任何特定情况下，通才都有可能优于专才，但人们的心智并不这么认为。相对于通才，他们更认可专家。

如果要做心脏搭桥手术，你希望主刀医生是一位全科医师还是心脏外科医师？

你更愿意谁为你的凯迪拉克提供服务？街角加油站还是你买车的那家凯迪拉克 4S 店？

如果要买鞋，你会去百货商场还是去鞋店？大部分人会去鞋店买鞋。

专家在顾客心智中占据上风。

明白问题所在

你需要弄明白相关问题才能开始聚焦。碰到的难题是什么？什么在阻碍你的业务腾飞？

这一过程需要客观和诚实，理解和直面问题是关键所在。太多人想要逃避问题，从而来维护公司的既定决策和那份自我意识。

多数情况下，战略制定者无法找出最重要的问题，也无法就其达成一致。他们往往会停留于一些模糊不清、大而化之的问题，比如"我们如何保证每年增长 15%？""我们如何提高投资回报率？"

这些不是问题，而是目标，不过是以问题的形式表达而已：就像你问自己："我如何才能成为 CEO？"

你无法在公司内部发现问题，甚至都无法在市场中找到你想要知道的问题。

问题总是存在于顾客或潜在顾客的心智中。如今，商战是心智之战，而非产品或服务之战。

当然，你也要思考产品和服务需要哪些改进，或者是否要换掉公司名称。但所有这些改变都是第二位的，需要你弄明白顾客心智中的认知之后才能进行。

如果在大众汽车工作，你必须面对一个事实：美国人仍然认为大众汽车就是小型、便宜、可靠

如今，商战是心智之战，而非产品或服务之战。

的汽车，而且这种认知无法改变。

如果在可口可乐公司工作，你必须面对的事实是新可乐已经失败，并且应该结束其带来的痛苦，这样最为核心的可口可乐品牌才能有聚焦的广告传播。这一点毋庸置疑，尽管口味测试明确证实了新可乐比经典可口可乐更好喝。

认知即是事实。

如果你在安海斯－布希（Anheuser-Busch）公司工作，你必须面对的事实是米狮龙（Michelob）已经在走下坡路，这是自公司放弃了"米狮龙品质一流"战略以后开始的。

如果在通用汽车工作，你必须面对的事实是凯迪拉克无法与奔驰竞争，即使这辆凯迪拉克是阿兰特（Allante），并且售价 56 000 美元也无济于事。

如果在西部联盟（Western Union）公司工作，你必须面对的事实是一个 20 世纪的业务无法继续使用 19 世纪的名字。

一般来说，那些为大众汽车、可口可乐、安海斯－布希、通用汽车和西部联盟工作的人会相信这些说法吗？估计很难。聚焦的概念存在一定程度的非逻辑性。

而且，他们了解很多事实，知道那些产品对比、口味测试、驾驶实验的结果，也知道自己拥有很好的产品，应该获取更大的市场份额。他们唯一需要做的就是改变一些认知。

应对认知

"自上而下"与"自下而上"思维最主要的区别之一，正在于此。

改变认知是传统"自上而下"战略制定者的习惯做法。

应对认知则是"自下而上"战略制定者的标志。

应对认知需要对公司或产品做出改变，而非尝试改变外部环境。当一艘船渗水了，你不会尝试去把湖里的水排干，而是努力把船修好。

公司经营者往往本末倒置。他们认为在制定战略之前，必须先爱上他们的产品、服务或名称，"如果心里认为我们有优秀产品，那我肯定可以找到合适的词句、画面和策略将那些信念传递给其他人"。

自恋是一种危险的感觉，它会扰乱你的思考，蒙蔽你的思维。

在"自下而上"战略中，你不应尝试去改变顾客心智，而是要利用已有认知。

想要找到一个空位，你必须抓住一个特性或细节，并进行推而广之。事实上，你必须进行大规模推广。

在营销战略中，简单概念总是胜过复杂概念，单一焦点总是胜过多个发力点。

想知道为什么吗？请重新进入潜在顾客的心智。如何才能进入顾客心智？将同一个信息以不同形式无止境地重复，还是准备许多不同的信息？

当一个信息与另一个有冲突时，你就是在跟自己竞争。你会让潜在顾客感到迷惑，你是谁，你到底代表什么？潜在顾客强烈反对给一个产品或一家公司两个不同的定位。

如果你负责一个品牌，对于"利用品牌知名度开展品牌延伸"的建议，即使其保证让你赚更多钱，你也要有勇气说"不"。

如果你负责一个品牌，对于"利用知名品牌开展品牌延伸"的建议，即使其保证让你赚更多钱，你也要有勇气说"不"。

不劳而获

当管理层开始筹划新业务时，品牌延伸从财务角度分析非常具有吸引力。他们会认为自己可以不劳而获，借助品牌的良好知名度"搭顺风车"。

很不幸，天下没有免费的午餐，早晚要付出代价，正如以下这些例子：

- Scott 纸业将 Scott 这个名字用在了太多产品上（纸巾、餐巾、卫生纸和面巾纸），以至于购物清单上的"Scott"已经不知道是什么意思了。之后，市场上出现了惠普尔先生（Mr. Wipple）和 Charmin 压缩纸巾，后者夺走了 Scott 在卫生纸市场的领导地位。

- 萨拉·李（Sara Lee）试图同时代表冷冻餐和冷冻甜品，结果损失了800 万美元。

- 施乐（Xerox）试图销售一些没有复印功能的施乐产品，结果也损失了数百万美元（那些产品是计算机）。

- Life Savers 想同时代表糖果和口香糖，也以失败告终。接着，它们推出了泡泡糖，没有使用 Life Savers 这个名字，而是使用了 Bubble Yum。Bubble Yum 取得了巨大的成功，其销量已超过 Life Savers。

- 宝洁，品牌延伸最后的抵抗者之一，但最终也没抵挡住诱惑。它推出象牙[⊖]（Ivory）洗发水和象牙护发素，两款产品均告失败。

⊖ 象牙香皂是宝洁公司最具历史的拳头产品，于 1879 年面世，畅销 100 余年。——译者注

品牌延伸仍在继续

这样的案例数不胜数，可惜这么多年来，我们还是没能抵制品牌延伸所产生的影响。一个接着一个品类，所有企业都陷入其中。主流啤酒厂商都以巨大代价推出了"淡啤"，但如果评估各方面因素，包括对主品牌的影响，结果均为负面。

我们这一代年轻时，市面上只有 5 个主要的香烟品牌，现在已经增加到 269 个，其中大部分是延伸产品。啤酒和香烟品类要么发展停滞，要么正在衰退。结果是，每一家企业都在增加费用，而业务量却在减少。

当一款产品想要取悦所有人时，最后的结局只会是取悦不到任何人。任何形式的品牌延伸都是一个自我毁灭的过程。长远来看，品牌延伸总是对核心产品、核心利益和核心概念造成损害。

对于快消品，一些行业特点会导致品牌延伸。这些品牌延伸对各品牌和品类发展，都直接产生了一些长远的负面影响。长期来看，任何品牌延伸较为严重的品类都是较为弱势的品类。

导致公司进行品牌延伸的情况，具体有以下两种：

- 市场发展停滞或正在下滑。例如，啤酒、香烟、咖啡和早餐麦片。

> 长远来看，品牌延伸总是对核心产品、核心利益和核心概念造成损害。

■ 消费者担忧产品的具体成分。例如，咖啡因、尼古丁、钠、糖和卡路里。

雪上加霜的是，由品牌延伸所导致的产品激增，使得零售商开始为货架空间收取"进场费"，而这些货架空间就像日本房地产一样，正成为一种逐渐萎缩的商品。

此外，品牌延伸通常也会导致消费者对整个品类的需求减少。

当你在货架上看到好乐门低脂蛋黄酱（Hellmann's Light），你会怎么想？蛋黄酱的卡路里含量一定非常可怕。这是好乐门想要传递的信息吗？

试图成为通才

绝大多数公司都想成为通才。如果股东和员工的命运还不是那么悲惨的话，这种想要满足所有人所有需求的趋势一定非常好笑。（还记得以前鲍勃·纽哈特节目中的"泛太平洋航空 & 暴风雨门公司"吗？）

不要犯类似错误。传统观念认为，覆盖范围更广的品牌比专家型品牌更为优秀，这也是品牌延伸在现今商业世界中泛滥的原因。

传统观念认为，覆盖范围更广的品牌比专家型品牌更为优秀，这也是品牌延伸在现今商业世界中泛滥的原因。

我们讨论的不是夫妻店，而是大型公司，它们都拥有规模庞大又经验丰富的营销部门，如高露洁公司。高露洁已经使旗下大部分品牌失去了意义。

问题：高露洁是什么？它是牙膏、牙刷、牙粉、肥皂、剃须膏，还是洗涤剂？

答案：全部都是。

"扩展品牌资产"已经成为最为流行的话题，像可口可乐这样的公司就在讨论"超级品牌"（megabrands）概念。

借助"成本效率"以及"商业惯例"的名义，公司往往很乐意将"专家型品牌"转变为"通才型品牌"，也就是从代表一种特定产品或概念，转变为代表两三种甚至更多种产品。

例如，雪佛兰推出了难以置信的 51 种不同汽车，使用了 12 个名字，包括从 5000 美元的 Chevettes 到 3 万美元的 Corvettes。不仅如此，雪佛兰还推出了一条卡车产品线。

什么是雪佛兰？雪佛兰是一种既小型又大型、既便宜又昂贵的普通汽车或卡车。雪佛兰是终极"通才型品牌"，无论你想要什么，雪佛兰应有尽有。

这也许就是最近雪佛兰将其领导地位输给福特的原因（事实上，福特也没比雪佛兰好多少，

品牌延伸只会不断侵蚀品牌在顾客以及潜在顾客心智中的身份定位。

福特只是品牌延伸的程度略微轻一些而已）。

品牌延伸只会不断侵蚀品牌在顾客以及潜在顾客心智中的身份和定位。

品牌延伸与竞争

品牌延伸策略会侵蚀品牌认知，而造成实质破坏的却是竞争。

品牌延伸策略会侵蚀品牌认知，而造成实质破坏的却是竞争。

实际上，品牌延伸或扩展品牌资产非常有道理，也应该被鼓励，但是有一个小小的限制条件：不允许任何具有实力的对手来参与竞争。

认知混乱不是真正的敌人，竞争才是。

通用电气在家电业务中富有传奇色彩的悲剧故事就说明了这一点。"通用电气"是一个非常棒的名字，所以很容易将这个名字用在众多各不相同的产品上，比如冰箱、洗衣机、洗碗机、搅拌机、熨斗以及食品料理机，诸如此类。

品牌延伸并非问题所在。真正的问题是竞争的加入，并且专家型品牌占据了各个品类的领导地位。

- 食品料理机的领导者是美膳雅（Cuisinart），不是通用电气。

- 电冰箱的领导者是北极（Frigidaire），不是通用电气。

- 洗衣机的领导者是美泰克（Maytag），不是通用电气。
- 熨斗的领导者是日光（Sunbeam），不是通用电气。
- 搅拌机的领导者是皇庭（Waring），不是通用电气。

厨房电器中，通用电气唯一处于领导地位的是电炉灶。

通才的弱点

因此，通才一般都非常脆弱。德尔蒙（Del Monte）对于罐头水果和蔬菜是一个非常棒的通用名，但是菠萝领导者就被一个叫作都乐（Dole）的"专家型品牌"所占据。

再以卡夫（Kraft）为例，很多人觉得广泛使用"卡夫"这个名字就是成功的品牌延伸，并使其得到了最好发展。

在没有竞争的情况下，可能会是这样。但在果冻和果酱品类中，当通才品牌卡夫与专家型品牌盛美家（Smuckers）开战时，盛美家这个听起来较为有趣的名字获胜，其市场份额为 37%，卡夫为 9%。

通才品牌在蛋黄酱之战中也没有更好表现。卡夫纯正蛋黄酱占 18% 市场份额，而好乐门占 42%。

幸运的是，卡夫也有一些专家型品牌。事实上，在市场份额方面，它最成功的品牌是费城（Philadelphia）奶油芝士。如果说卡夫还有专家型品牌的话，这肯定是其中之一。多年来，费城在奶油芝士市场占据了大约 70% 市场份额。

品牌延伸悖论

每个人都知道一个品牌延伸的成功案例。但关键不是品牌延伸是否成功了，而是竞争对手做了些什么？这使我们得出了关于品牌延伸的两项原则：

- 如果专家型竞争对手永远不会出现，品牌延伸将会是好战略。
- 如果竞争对手会强烈反击，品牌延伸就是糟糕的战略。

迄今为止，历史还是支持这两项原则的。多年来，宝洁的科瑞（Crisco）是起酥油领导品牌。后来，全世界都转向植物油了，当然宝洁也跟着转向科瑞植物油。

那么，谁是植物油之战的赢家呢？当然是威臣（Wesson）。

随着时间推移，玉米油进入了人们的视野。自然，威臣也跟上技术发展，推出了威臣玉米油。

那么，谁又是玉米油决战的大赢家呢？没错，就是万岁（Mazola）。

无胆固醇玉米油的成功带出了无胆固醇玉米油人造黄油。因此，万岁推出了万岁玉米油人造黄油。

每一次，获胜的专家型品牌延伸为一个通才型品牌后，又会输给另一个专家型品牌。

那么，谁是玉米油人造黄油品类的赢家呢？你猜对了，是菲氏（Fleischmann's）。

每一次，获胜的专家型品牌延伸为一个通才型品牌后，又会输给另一个专家型品牌。

加长香烟

多年前，同样的故事也在香烟品类中上演。

1937 年，长红（Pall Mall）推出了 85 毫米长香烟，比好彩（Lucky Strike）和骆驼（Camel）等常规品牌香烟加长了 15 毫米。

长红成为"加长"香烟专家型品牌，其表现也非常出色。1960 年，长红将骆驼赶下台，成为最畅销香烟品牌。

接着，长红公司有人提出："为什么就此打住呢？我们继续加长到 100 毫米吧。"一个绝妙主意。

但长红并没有推出新品牌，而是将其加长香烟的专家型品牌名变成了一个通用名。1965 年，它推出了金长红（Pall Mall Golds），第一款 100 毫米长香烟。

之后不久，一个专家型品牌金边臣（Benson & Hedges）带着它的 100 毫米香烟进入战场，并夺走市场份额。如今，长红 85 毫米和 100 毫米长香烟总量仅占据 3.1% 的市场份额，而 100 毫米长香烟专家型品牌金边臣占有 4.2% 市场份额。

又一次，专家型品牌击败了通才型品牌。

品牌延伸的对立面

品牌延伸的对立面就是聚焦。

承载战略的传播信息就如同刀刃，你必须使刀刃足够锋利才能使其进入顾客心智。销售策略变得宽泛时，意味着刀刃也变钝了。

战略不同于数学。企业战略中，要增加销量，需要做减法，而非加法。

发动强有力的攻击时，你必须做好有所牺牲的准备。

全系列产品，是属于领导者的奢侈品。如果想与领导者竞争，你必须缩减产品线，而非扩展。

聚焦的力量

首先，专家型品牌可以聚焦于单一产品、单一利益以及单一信息。聚焦能够使所需要传播的信息更为锋利，以迅速进入顾客心智。

例如，达美乐比萨能够聚焦于"30分钟送餐到家"，必胜客则不得不同时强调送餐到家与堂食服务。

金霸王（Duracell）能够聚焦于长效耐用的碱性电池，而永备（Eveready）则在谈论手电筒电池、耐用电池、充电电池，还有碱性电池 [最近，

> 战略不同于数学。企业战略中，要增加销量，需要做减法，而非加法。

永备劲量（Eveready Energizer）碱性电池（简称"劲量"），对于永备来说是个好消息]。

嘉实多（Castrol）聚焦于高性能小型发动机专用润滑油，而鹏斯（Pennzoil）与桂冠达（Quaker State）则在推广适用于所有类型发动机的润滑油。

其次，专家型品牌能够被顾客认知为专业或最佳。克雷（Cray）是最好的超级计算机，费城是最好的奶油芝士，可以说是最正宗的品牌。

最后，专家型品牌可以成为整个品类代名词。施乐成了复印的代名词，"请帮我'施乐'一下"。

联邦快递成了隔夜送达的代名词，"我会'联邦快递'给你"。

3M 公司的思高（Scotch）成了透明胶带的代名词，"我会将它们'思高'在一起"。

尽管律师们对此非常痛恨，但让品牌名成为品类代名词是商战中的终极武器，而这种情况只有专家型品牌才能做到，通才型品牌无法成为品类代名词。

没人会说："去通用电气那儿帮我拿瓶啤酒。"

> 让品牌名成为品类代名词是商战中的终极武器。

可乐的聚焦

可口可乐双品牌战略主要是针对竞争对手百

事可乐。

可口可乐双品牌战略在饮料机市场最为脆弱（超市货架可以容下两种可乐，但快餐店不行）。

"当你可以选择明显的赢家时，何必去无奈地接受两难的决定呢？"百事可乐在行业广告中说。

这是绝佳的机会，百事可乐已经在超市取得胜利。但在饮料机市场，可口可乐仍占优势，有着 60% 的市场份额，而百事可乐只有 26%。

但这之后，百事可乐出现了漏洞，它收购了肯德基 [是为了配合它的塔可钟（Taco Bell）和必胜客]。

"为什么要补贴你的竞争对手呢？"可口可乐公司幸灾乐祸地说，并且迅速说服温蒂（Wendy's）放弃了"新一代的选择"[⊖]。

百事可乐在快餐业陷入了麻烦，它需要说很多好话，花很多钱，以使自己在饮料机市场保有一席之地。

办公自动化的聚焦

施乐可以复制任何东西，至少它自己这么认为，就像它试图复制 IBM 推出办公自动化设备的全线产品。你也许注意到了，施乐系列产品近来没有多少成绩。

销售一个系统而非单一产品，就是在科学地扩大你的团队，这对许多公司很有吸引力。但是，在你采用这种方法之前，需深入一线，确认潜在顾客真正想要购买这个系统，而且像你要卖给他的愿望一样强烈。

大部分顾客并不想购买，这也是王安（Wang）、哈里斯（Harris）以及其

⊖ 百事可乐广告语"新一代的选择"（Choice of a New Generation）。——译者注

他系统供应商遇到那么多问题的原因。

聚焦几乎是所有成功战略的秘密武器。即使强大的 IBM 也无力同时展开全线出击。在蓝色巨人推出个人计算机（PC）那一年，其 73% 广告预算用在了这个新产品上。

世通公司蹒跚而行

世通公司（MCI）是一家长途电话公司，最近宣布了 5 亿 ~7 亿美元的第四季度账面损失，并将从 16 000 名员工中裁员 2300 人。无论是资金还是人员，这都是巨大的损失。

MCI 的问题与聚焦相关。问题开始于不明智地推出 MCI 邮件。

MCI 是一家大公司，年收入大约为 40 亿美元，但规模是相对的。MCI 的竞争对手是美国电话电报公司（AT&T），其规模是 MCI 的数倍。MCI 在长途电话的市场份额仅有很小一部分（5%）。

如果遭遇规模如此巨大的竞争对手，你会推出一款产品，与另一个巨兽——美国邮政服务公司（U.S. Postal Service）展开竞争吗？

如果哪一家公司要进入电子邮件领域，那也应该是 AT&T，而不是MCI。

固特异偏航

这当然不是指"公路之王"固特异轮胎橡胶公司（Goodyear）。

问题没有出在轮胎和橡胶上，而是石油。具体来讲就是，1983 年固特异以价值 8.2 亿美元的股票收购赛扬（Celeron Corporation），一家石油和天然气开采公司。

不仅仅是石油业务让固特异管理层分了心，其自身拥有一定规模的航空以及电机轮业务也让其注意力偏离了路线。

固特异的灾难由一位名叫詹姆斯·戈德史密斯的爵士（Sir James Goldsmith）触发，这位英法混血投资人不断增持固特异公司股份达到11.5%，并提出要购入剩余股份。

为了阻止詹姆斯爵士，固特异管理层回购了他的股份，以及其他股东的4000万股股份。这一举措使固特异债务增加了一倍，达到53亿美元，迫使其出售赛扬以及其他两家子公司。

固特异员工减少了5%，研发部门预算缩减了10%，广告预算和资本支出也大幅缩减。

詹姆斯爵士对固特异到底有什么坏主意？他说，"这是一项可靠的很不错的业务，它们有世界一流的技术，但多元化让它们不再聚焦。"

"聚焦"这个词又出现了。只有剥离非轮胎业务并聚焦主业，才能最好地保证股东利益。

听上去这是个好主意，为什么固特异一开始就没有想到呢。

杜邦会是下一个吗

症状相同：一家失去焦点的公司。

与固特异一样，杜邦的问题也是石油。它在1981年以78亿美元收购了康菲（Conoco），现在看来，这家公司估值只有50亿美元。

杜邦管理层能够保住工作，得益于收购杜邦公司所需的资金规模。杜邦210亿美元的市值，可能唐纳德·特朗普都会嫌贵。

这家威明顿市的公司仍然没学会聚焦。为了减少自己对化工业务的依赖，杜邦最近收购了不少药品公司，其中有巴克斯医疗器材公司（Baxter Travenol）的美国特级护理部。

药品会重蹈石油的覆辙吗？问题本身就错了。

如果认为自己知道医药类产品的发展趋势，那你应该购买一家药品公司的股票，而不是这家药品公司本身。

别想着协同增效了，那只是个传说。

别想着协同增效了，那只是个传说。

零售业的聚焦

能够充分展示聚焦巨大优势的行业当属零售业。

大型百货商店正不断让位于小型专卖店。仅在曼哈顿，三家历史悠久的大型商场 [金贝尔（Gimbels）、奥尔巴克（Ohrbach's）以及亚历山大（Alexander's）] 都已宣布停业计划。但是，小型专卖连锁正迅速发展，盖普（Gap）与贝纳通（Benetton）就是其中两家。

百货商店与专卖店的竞争是聚焦发挥巨大作用最清晰的例证。而且你需要注意到的是，百货商店出现销量下滑是在专卖店进入市场后才开始的。

对品牌过度延伸的竞争对手发动攻击的时机，是在其出现下滑之前，而非之后。

对品牌过度延伸的竞争对手发动攻击的时机，是在其出现下滑之前，而非之后。如果一直等到趋势已非常明显，很可能为时已晚。其他人早已进入市场去建立他们的定位了。

拆分达特与卡夫

你应该已读到关于达特（Dart）与卡夫合并 6 年后又分开的新闻了。我们认为这只是一个开始，今后商界还会有大量类似的拆分。

新的卡夫公司业务主要包括达特公司与卡夫集团中所有食品业务以及金霸王（尽管电池和日用百货显得不那么般配，但卡夫的管理层不想放弃金霸王这棵摇钱树）。

余下的业务 [特百惠（Tupperware）、西本德（West Bend appliance）、霍巴特（Hobart）食品服务设备等] 会转给股东，归到普雷马克国际公司（Premark International）名下。

先不管卡夫的名字问题，我们认为拆分的两部分都会获得较好发展（两家聚焦的小公司要强于一家没有聚焦的大公司）。

华尔街一些分析师对此也较为认同。帝杰证券（Donaldson, Lufkin & Jenrette）的库尔特·伍尔夫（Kurt Wulff）曾指出，聚焦于一项业务的小公司比"过度资本化、多元化"的大公司表现更好。

伍尔夫先生说："投资者应该通过投资组合进行多元化，而不是企业经营。"

聚焦于一项业务的小公司比"过度资本化、多元化"的大公司表现更好。

"给我来杯米勒"

不聚焦所带来的危害，没有哪个例子比米勒啤酒的故事更为合适了。

当时的逻辑很可能是这样：我们拥有普通啤酒领导品牌 [米勒高品质生活（Miller High Life），那为什么不把这一知名品牌用在淡啤 [米勒莱特（Miller Lite）] 上来增加市场份额呢？

这一策略确实奏效了。米勒莱特销量排名位居全美第二。但曾经位居第二的米勒高品质生活现在怎样了呢？

该品牌一路下滑，在 6 年时间里，米勒高品质生活的销量从每年 2350 万桶减少到 940 万桶，并且当时公司还投入了 3.1 亿美元广告费来做推广。

让我们深入一线去看一下原因何在，先从你家附近的酒吧开始最合适不过了。

跟酒保要一杯"米勒"，看看他会给你什么，很可能是一杯"米勒莱特"。也就是说，米勒公司已经让"米勒"代表"莱特"了。自然，它不可能再代表"高品质生活"了。

在会议室中,米勒可以代表董事长想让其代表的任何东西,但在市场一线,即潜在顾客心智中,就是另一回事了。在一个过度传播、品牌泛滥、啤酒过多的社会中,你的品牌如果可以代表一种产品就非常幸运了,基本不可能代表两三种产品。

品牌如果可以代表一种产品就非常幸运了,基本不可能代表两三种产品。

亨氏(Heinz)曾是腌制食品第一品牌,但亨氏利用其品牌资产推出了亨氏番茄酱,同样非常成功。当然随着其不断发展,亨氏自然而然将腌制食品的领导者地位让给了福来喜(Vlasic)。

这也很合理,福来喜代表腌制食品,亨氏代表番茄酱。

BOTTOM-UP MARKETING

第5章
05

寻 找 战 术

聚焦业务和观察趋势只是开始，早晚你都必须选择一个具有竞争力的心智切入点，并将其发展为战略。

实际上，你或许已经有过多次类似思考了：选择一个战术，反复推敲得出符合逻辑的结论，然后放弃，再试试另外一个。

有一些原则应当时刻记在心里。

战术不应以公司为导向

"自上而下"营销战术最糟糕的情况就是，根据公司战略需要来选择相应战术。

施乐收购了一家计算机公司 [科学数据系统公司（Scientific Data Systems）]，因为这符合它们的战略规划——为顾客打造自动化办公室。这个错误的代价达到了 10 亿美元。顾客对于计算机已经有非常多的选择，包括 IBM、DEC、王安电脑等。

新产品的推出，十有八九是要填补公司产品线的空缺，而非市场的空缺，也许这正是新产品十有八九会失败的原因。

战术以公司为导向是错误的。这也许能让你在公司内部得到认可，但却会在外部制造灾难性后果。

战术以公司为导向是错误的。这也许能让你在公司内部得到认可，但却会在外部制造灾难性后果。

战术不应以顾客为导向

营销就是"服务顾客",这是营销界广泛流传的说法。

很多管理者生活在幻想的世界里,他们抱有幻想,相信市场中存在"处女地"。这种信念意味着营销仅仅涉及两个玩家——公司和顾客。在这种幻觉里,公司开发出迎合消费者需求的新产品或服务,接着通过营销就可以收获丰硕的成果了。

市场中不存在"处女地"。在现实的市场中,顾客由各个竞争对手所占据,区别仅在于顾客忠诚度的高低。因此,战略就是要牢牢抓住自己的顾客,同时又要设法争夺竞争对手的顾客。

那新产品呢?当你推出新产品时,理所当然会有很多处女地。

事实并非如此。在索尼推出 Betamax 之前,录像机市场在哪?不存在。当然,索尼将其潜在市场定义为拥有电视机的顾客,但你无法保证他们之中的任何人会购买录像机。

尽管大家都在讨论要满足新需求以占领市场中的处女地,但绝大多数营销人士还是更愿意瞄准已有市场推出新产品,并且与地位牢固的品牌展开竞争。

> 战略就是要牢牢抓住自己的顾客,同时又要设法争夺竞争对手的顾客。

侧翼战特例

我们将侧翼战定义为推出具有显著差异化的全新产品。典型的侧翼战，是推出在价格上更为高端或低端的产品。

例如，梅赛德斯－奔驰在高端侧翼推出了凯迪拉克；大众汽车在低端侧翼推出了雪佛兰；瑞登巴克美味爆米花在高端侧翼推出了乐活（Jolly Time）。

侧翼战可以非常有效，但很多营销人员却拒绝使用。

高端爆米花市场会在哪？在瑞登巴克推出之前，当然不存在。

鱼和熊掌不可兼得。你无法在享受空白市场优势的同时，还能获取成熟市场所带来的好处。

战术应以竞争为导向

不久前，达美航空（Delta）决定为其常客——俱乐部会员（包括新会员）提供"三倍里程"奖励。

看上去这是个好主意，一定会为达美航空吸引来更多顾客。确实如此，但这个活动也吸引来了美国航空、联合航空、泛美航空、环球航空以及东方航空。实际上，所有达美航空的竞争对手都推出了相同活动与奖励。结果除了飞行常客，没人从此项活动中受益。

汉堡王启动"火烤而非油炸"战略并大规模传播时，麦当劳并没有扔掉所有油炸锅换成烤炉，因为这样做的成本将十分巨大。

"三倍里程"并非竞争导向的战术，因为它可以很快被复制。速度是个非常重要的考量因素。如果竞争对手无法快速复制，你就有时间抢占顾客心智。

绝大多数乘客不知道三倍里程是由达美航空首先推出的。在竞争跟进之前，它没有足够时间去将这一概念植入顾客心智。

"火烤而非油炸"就是非常好的竞争导向战术，因为它无法被快速复制，而且复制成本也非常高。

米其林以子午线轮胎（radial-ply tire）进攻美国市场，使得固特异和凡世通（Firestone）在之后多年都处于防守状态。即使美国轮胎行业的大亨们愿意投资子午线轮胎生产设备，那也需要很多年才能正常生产。

唯一值得考虑的战术就是能够威胁到竞争对手的战术。如果只是为了刺激顾客购买，同样也会刺激竞争对手跟进。

唯一值得考虑的战术就是能够威胁到竞争对手的战术。如果只是为了刺激顾客购买，同样也会刺激竞争对手跟进。

但是，大部分营销活动会涉及优惠券、返点、店内促销以及各种折扣。无效活动总是会浪费资源；有效活动则会为你赢得最真诚的"褒奖"——竞争对手的跟进。

讨好消费者，无法让你取得胜利，忘了那些打折促销吧。要知道，最能让消费者满意的是免费赠送。

此外，能够惹恼竞争对手的战术一定会有助于业务发展。

避免"当月流行"战术

"更多选择"是你应该避免选用的战术，而有些公司整体战略就建立在"当月流行"原则之上。

谁最有可能购买最新热销的口味或品牌延伸产品？当然是既有顾客，而不是竞争对手的顾客。即使推出新口味对竞争对手产生一些影响，猜谁会快速跟进呢？你的竞争对手。

你无法占据一种口味。谁发明了草莓味冰激凌？谁知道呢？一种新口味与静电复印这种新技术完全不在一个层面。

> 为顾客提供更多选择，本身就存在一些问题。一方面是导致困惑；另一方面是容易缺货。

而且，为顾客提供更多选择，本身就存在一些问题。一方面是导致困惑：我要买哪种口味呢？另一方面是容易缺货：产品的口味越多，顾客想买的口味就越容易缺货。

当可口可乐仅仅是可口可乐时，无法想象超市会出现断货情况。如今可口可乐有新可口可乐、经典可乐、健怡可乐、樱桃可乐、健怡樱桃可乐、无咖啡因可乐，以及无咖啡因健怡可乐，现在很有可能在超市买不到你想要的可乐了。

更多选择让购买决策更为复杂。雪佛兰推出 10 款车型（让人困惑的一系列外形和发动机配置），会让人更容易购买雪佛兰吗？

通用汽车还曾对此炫耀：如果所有配置做任

意组合，将为消费者提供上百万种雪佛兰车型。但实际上，一半以上雪佛兰新车是在经销商展厅中售出的，而消费者的选择也仅限于底漆和上蜡（要，还是不要）。

当竞争对手是自己时

当你已经主导品类，有时你会成为自己的竞争对手。在这种情况下，你应该推出新产品来自我攻击。如果方法得当，则鱼和熊掌可以兼得。

当你已经主导品类，有时你会成为自己的竞争对手。在这种情况下，你应该推出新产品来自我攻击。

吉列就是最好的例子。蓝吉列刀片（Blue Blade）占领了单层刀片剃须刀市场。

之后，吉列推出 Trac Ⅱ 进行自我攻击。"双层刀片比单层刀片具有更好的剃须体验。"Trac Ⅱ 广告中说道。广告中所指单层刀片就是吉列自己的蓝吉列刀片。

之后，吉列又推出了 Atra，第一款可调节双层刀片。"你还在用固定的双层刀片剃须？"Atra 广告针对的是自己的 Trac Ⅱ 产品。

吉列获得超过 50% 市场份额，主要归功于它的多品牌战略。

推出 Trac Ⅱ 时，吉列占据 55% 市场份额。如今，吉列几乎拥有 2/3 市场份额。在面对舒适（Schick）、比克（Bic）、威尔金森（Wilkinson）和其他竞争对手强力进攻的情况下，能够获得如此市场份额已是一项非凡成就了。

不要将吉列的战术与可口可乐的品牌延伸混为一谈。7 种口味的可乐品牌名都是可口可乐，这在潜在顾客心智中制造了混乱。

每一款吉列产品，尤其是其核心产品 Trac Ⅱ 和 Atra，都有自己的品牌名，减少了混乱。没错，Trac Ⅱ 和 Atra 的包装上都印有小字号的"吉列"（吉列的名称主要在分销过程中发挥一定作用。例如，它告诉业内人士想订货的话可以找谁）。

从这个意义上讲，就像通用汽车出现在雪佛兰上一样，但主要品牌名依然是雪佛兰。

简单胜过复杂

尽管人类崇尚复杂，但绝大多数潜在顾客不会花时间去弄明白所有事情。

简单概念更容易实施，而且潜在顾客也更容易理解。

公司往往想用眼花缭乱的复杂概念给潜在顾客留下深刻印象，而不是去传播顾客愿意认同的简单概念。

几年前，为了提振在办公系统市场日渐衰落的品牌，施乐公司高调推出一系列全新产品。施

简单概念更容易实施，而且潜在顾客也更容易理解。

乐租下了纽约林肯中心维维安·博蒙特剧院，舞台上摆满了复杂的成套办公系统，试图用炫目的科技来获得全世界的关注。但是这场展示把大家都搞糊涂了，既没有吸引到媒体也没有打动潜在顾客，确实太过复杂，让人难以理解。

为什么施乐要做这些事？典型的"自上而下"思维方式，它们想传递"施乐将成为办公信息化行业主要品牌"的概念来影响市场。

与这一系列产品陪葬的有一款全新激光打印机，同时也是复印机（激光复印打印一体机）。

计算机打印机同时可复印，如果单独执行这个简单战术，其效果要远优于施乐实际执行的战术，也就是推出从打印机到计算机这一系列复杂产品。

例如，一家电台就非常好地揭示了简单的价值。这家电台想寻找方法来实现与竞争对手的差异化。它发现人们希望尽快获知最新的天气情况，因此它的战术选择就是增加每个广播时段的天气预报次数。

紧接着，这家电台开始投放电视广告，传播"实时天气情况，播报频次更多"概念。战术奏效了。它用再简单不过的战术轻易击败了竞争对手。

为什么竞争对手没有复制这个战术呢？它们当然可以复制，但是第一个执行相应战术的电台，如果足够迅速地抢占顾客心智中这一概念，它就能够获取优势位置。

差异化无须"更好"

如果竞争对手的产品质量远远超过你的产品，那你就不用考虑制定战略了。

例如，施乐 914 型号普通纸复印机要明显优于 3M 和柯达的热敏复印机。不出所料，它们很快被彻底击败（正如在航空市场中喷气式飞机完败活塞发动机飞机一样）。这就像拳王泰森的比赛，只是发生在拳击台上，但那根本不是拳击赛。

如果竞争对手是静电复印技术，而你的产品是基于热敏技术，这种时候学习再多的战略原则也没有用。

当敌人有核武器而你没有时，学习再多的兵法也没多大用处。

幸运的是，明显胜出的产品非常少见。宝马优于沃尔沃？谁能来评判呢？但它们确实相同。沃尔沃战略围绕"耐久性"，战术表达上选择了在一辆车上叠放六辆车；宝马的战略核心则是"终极驾驶机器"。

宝马面对的竞争对手是奔驰。它们都是昂贵的德国汽车，但奔驰首先进入市场，并抢占了"工艺设计"这一定位。

宝马应该以更好的工艺设计来迎战这个日耳曼竞争对手吗？如果宝马的战术依靠其"三重半球形涡旋气流内燃机"专利技术，能够击败奔驰吗？

"更好"是一个主观概念，正因如此，最好避免攻击竞争对手的强势所在。

"更好"是一个主观概念，正因如此，最好避免攻击竞争对手的强势所在。

宝马与奔驰的区别在哪里？区别并非在汽车本身，而在于开车的人。年长顾客更喜欢知名、昂贵的奔驰；年轻的顾客则喜欢更新潮、价格相对较低的宝马。

年轻顾客喜欢宝马的原因之一，正是年长顾客喜欢奔驰的原因之一（这也是"百事一代"战略如此奏效的原因）。

年轻驾驶者的本质特征是什么？他们更追求速度（深入一线，只需去最近的红绿灯旁看个究竟）。

宝马没有与奔驰比拼"工艺设计"，而是利用"驾驶"定位取得了巨大成功。

最近，宝马推出了 7 系车型，闯入了奔驰的领地。宝马开始失去焦点，这会损害到它所有的产品系列。

概念优于产品

如今的商战是概念之战，而非产品之战。衡量战术有效性的真正标准，在于你是否拥有能够引领企业发展的概念。如沃尔特·里斯顿（Walter Wriston）所说："概念是美国企业最新的硬通货。"

计算机行业很好地说明了一个概念所具有的价值。有史以来第一次，IBM 在办公市场遇到了

如今的商战是概念之战，而非产品之战。衡量战术有效性的真正标准，在于你是否拥有能够引领企业发展的概念。

能给它制造麻烦的对手。DEC 使用"单一操作系统"概念推广小型计算机，这给 IBM 制造了非常大的麻烦。

在另外一端，苹果开始利用"桌面排版"概念取得进展。这个概念抓住了很多用户的想象，同时帮助苹果卖出大量麦金塔计算机，并使公司进入了《财富》1000 强。

如果你是 IBM 的战略制定者，你会如何应对新出现的竞争对手？迄今为止，它采用的方法是"产品更好、销售更卖力、广告更震撼"，从而希望在其主导市场重新获得控制权。

在"越多越好"这方面，没哪家企业能超越 IBM（IBM 所拥有的资源起了很大作用）。IBM 推出的计算机不是推出一两款，而是新一代个人计算机——个人系统 /2。广告传播中也并非一两款产品，而是五款不同的中档计算机系统。

同时，它大大加强了销售队伍，在一线增加了数千人，甚至 CEO 约翰·埃克斯（John Akers）也加入进来，与顾客会面，并承诺 IBM 会更好地听取他们的建议和投诉。

IBM 广告人员也不甘示弱，推出一系列突破性的广告。查理·卓别林被扫地出门，取而代之的不是一两个明星，而是《外科医生》（M.A.S.H）的全班人马，包括艾伦·阿尔达（传言合同金额达 1000 万美元）。

目前为止，所有这些努力丝毫没有减缓 DEC 或苹果的发展速度，它们在办公市场继续高奏凯歌。

IBM 推出的"个人排版"也并没有获得任何关注，各公司客户仍在大量购买苹果的"桌面排版"。

尽管 IBM 实力雄厚，它也只剩一条路可以走了——很显然的一条路。

但首先，IBM 必须认清这场战役的本质。从最开始，计算机之战就是概念之战。

IBM 首先借助"数据处理"概念推出大型计算机。DEC 诉求"办公"，用"小型计算机"概念反击 IBM 的大型机概念。

之后，苹果推出了针对家庭和学校的"个人计算机"。IBM 则自称为"办公"个人计算机。

其他公司也围绕不同的概念建立业务。王安电脑借助"文字处理"获得不错的发展；克雷因为"超级计算机"而成功；天腾（Tandem）依靠"双处理系统"腾飞；康柏的良好发展得益于小型"便携式计算机"。

这些取得成功的公司都有一个共同点：它们都拥有一个核心概念。

IBM 未能充分研究计算机的发展历史。近年来，它已经完全脱离了这些使用概念的方法，而一直在市场中使用产品策略，不断推出越来越多各式各样的计算机。

通过 IBM 广告，你就知道它的策略了。IBM 广告传播一系列产品，并提出"你想要的，我们都有"。IBM 传递的基本信息是，"我们会研究出最适合你的产品"。

这一方法存在缺陷，那就是顾客经常不知道他们想要什么，尤其是高科技产品。顾客购买他们觉得自己应该拥有的产品，如果他们认为应该拥有"单一操作系统"或"桌面排版"，DEC 和苹果就有生意了。

IBM 唯一能做的就是借助自己占据的概念与这些概念竞争。

一个关于纸的概念

"桌面排版"这样的概念，有时会开创出一些附带产品或服务的新市场。

从前需要在公司外面才能打印的资料，现在办公桌上就可以完成；曾经需要几天时间才能准备好的报告或文档，现在几个小时就可以准备好。

假如你是一位优秀的年轻营销人员，就职于一家大型纸业公司，并且已经注意到了这一趋势。高层给你的指令是推出商用纸新品牌。很不幸，这些指令面临一些困难，因为在市场中已有很多竞争对手，并都拥有自己的品牌，比如哈默密尔（Hammermill）、尼库萨（Nekoosa）、卡斯卡特（Boise Cascade）、冠军（Champion）和米德（Mead）。

此类用纸的大部分销量来自纸品零售商，所以你寻找战术的起点应该是要搞清楚零售商哪些品牌销量更好。你会发现，零售商"自有品牌"的销量要优于造纸公司的品牌。

但并非所有消息都是坏消息。你还发现，一些对电子排版感兴趣的大客户会为他们的设备购买一些更高级的胶版印刷用纸。

找到了！这是一个非常有意思的具有竞争优势的心智切入点。推出一个高端侧翼品牌（激光打印机用的高端纸）。此品牌纸应具有出色的亮度和不透明度，并瞄准重要文件的用纸市场。

基本上，你需要鼓励用户去考虑常备两种类型的商用纸：一种用于日常内部办公；另一种用于对外事务。

你的工作已经完成，找到的这个概念将比你依靠价格和送货服务开展业务更有价值，也更为长久。

想要收获蜂蜜就无法躲避飞虫

马基亚维利（Machiavelli）的小说《曼陀罗》（ *La Mandragola* ）中有一个人物说过，"你想要收获蜂蜜就无法躲避飞虫"。每一个正面的具有竞争优势的心智切入点，都有相应的负面因素。

传播这个负面因素与传播正面因素同等重要，负面因素会给你的战术提供信任度。

百货商店发现，针对"次等品"或"有缺陷产品"的促销活动往往效果更好，这些字眼为潜在顾客提供了低价的理由（有些商店为了使次等品促销活动持续进行，会将"一等品"充当次品进行销售）。

折扣商店通常会称自己为"工厂直销店"，这也是出于同样原因；或者它会有意地使用一些廉价的桌椅器具以制造出仓库的感觉。

当查尔斯·施瓦布（Charles Schwab）建立嘉信经纪公司时，他重点强调了公司没有销售代表或客户经理来为客户提供建议，绝不会有来自嘉信公司的人想要卖给客户任何东西（如果方法得当，以这种方式来传播负面因素通常会起到正面作用）。

正如嘉信的广告："其中的缺点是什么？是什么让我们放弃高佣金？"

"缺点只有一个，那就是：我们不提供投资建议。"

"竞争对手提供的一切我们都有……而且价格更低。"这么说也许听上去很不错，但是价格为什么更低？

这也是潜在顾客想问的问题。因此，出于信

每一个正面的具有竞争优势的心智切入点，都有相应的负面因素。

任度考虑，你必须在传播承诺的同时传播相应原因。

对于一款产品，低价会传递什么样的信息呢？你懂的（试着在纽约的大街上以 50 美元去卖一块劳力士手表，你会看到低价意味着什么，这块手表要么是假的，要么是偷的，或者两种情况都是）。

"20 世纪 70 年代，大众甲壳虫仍将很丑。"这曾是一项很强有力的声明，因为非常符合心理规律。当你承认一项缺点时，潜在顾客会倾向于赋予你一个优点。

购买大众的消费者放弃了时尚外观，而换回的是可靠性。

"韩国制造"这个缺点为现代卓越车（Hyundai Excel）的低价提供了合理的解释，也回答了那个问题："现代卓越车的价格这么低，质量怎么能好呢？"

"世界上最贵的香水"

喜悦（Joy）香水就是用"世界上最贵的香水"作为传播内容。事实上，高价本身就为"高品质"战术提供了可信度。

高价会为一款产品传递怎样的信息呢？对的，这款产品极具价值。其实，高价格成为产品固有的优点 [这是很多高端侧翼战术取得成功的强有力推动因素之一，如梅赛德斯 – 奔驰、绝对（Absolut）伏特加、盖瑞波旁（Grey Poupon）芥末酱等]。

绝对伏特加是非常合适的例子。绝对伏特加的价格高出皇冠（Smirnoff）50%，却保持着惊人的增长率。4 年时间，销量翻了两番。如今，绝对伏特加在美国伏特加市场销量排名第四，每年销量超过 100 万箱（绝对伏特加并非很流行，因为伏特加品类总销量增幅很小。）

如果高价格对任何产品都是一项优点，那为什么不将每一款产品价格都定得尽可能高呢？这世界上，拥有金钱比拥有理智更多的人到处都是。

原因是价格与需求的反比关系。价格越高，需求量越少。

劳斯莱斯汽车"更具价值"，因为其价格不菲。但它销量却很少，大部分人实在无力负担。

你必须平衡价格与需求的关系。销售 100 万辆低价的福特比 1000 辆昂贵的劳斯莱斯更赚钱。

价格只是战术中需要考虑的因素之一，还有很多其他因素。你也许能在一个充满小型产品的品类中找到一个基于大尺码的具有竞争力的心智切入点。

同样，也可能是在女性化品牌为主导的品类中推出一款更为男性化的产品；或者，你可能找到基于小型产品的战术，如索尼电器；又或者，基于女性化品牌，如维珍妮（Virginia Slims）女士香烟。

但是，你无法在自己组织内部找到具有竞争力的概念，你必须深入一线去寻找。

价格只是战术中需要考虑的因素之一，还有很多其他因素。你也许能在一个充满小型产品的品类中找到一个基于大尺码的具有竞争力的心智切入点。

BOTTOM-UP MARKETING

第6章
06

寻找抵制毒品的战术

通过宣传活动来阻止可卡因、大麻和其他非法毒品流入美国，其难度非常高。

数百万美国人想要吸食毒品。我们已经反复指出，改变人们的心智极为困难。

如何才能减少毒品需求呢？诀窍在于设法利用吸毒者心智中的潜在认知。

由你负责

假设你是一个营销人员，刚刚接到新任总统打来的电话，要你负责由政府支持的一项全新计划，用以替代南希·里根（美国前总统里根的夫人）发起的"对毒品说不"项目，似乎这个项目对减少毒品需求并未产生效果。

如果想要取得进展，显然需要做些改变。同时，人们非常迫切希望看到一些进展。

经过执法部门多年的努力，以及数十亿美元投入，似乎只能采用一种长期方法来减少美国吸毒和贩毒情况，也就是必须设法减少需求。

减少供给只会提升价格，并为愿意冒险的毒贩增加利润空间。由于毒品的低成本和高回报特点，经验表明，除了将毒品合法化之外，并没有其他有效方法能让违法的毒贩失业。因为每打掉一个毒贩，又会冒出来两个。

所以问题是："能够减少需求的最佳战术是什么？"

观察趋势

我们先来快速扫描一下滥用毒品的发展趋势。解决任何问题，你不能只关注手头上的产品，你要设法对整个品类有一个直观感觉。

这里，香烟消费对解决毒品问题提供了重要参考。就像毒品，香烟也会使人体摄入外部物质，这些物质容易上瘾，而且普遍认为它们有损健康。事实上，相关报告显示，在美国香烟致死人数是毒品的 50 倍。

香烟与毒品的主要区别在于香烟合法，同时也是政府财政收入的重要来源。结果，虽然几乎所有人都知道香烟有害健康，但其销量并没有显著下降（实际上，需求有所下降。如今，在美国香烟致死人数仅是毒品的 48 倍）。

从结果上看，通过教育的方法，呈现吸烟对健康的危害无法对抗香烟公司通过广告增强的吸烟形象。禁止香烟广告传播削弱了行业推出新品牌的能力，但信息仍然会通过其他众多可用的媒介传播。

"有害健康"难以奏效

基于香烟的经验，你应该能做出推断，如果毒品持续被认知为"流行"的话，那么"有害健康"这种说教方法可能并非一个减少需求的好战术，这也很可能是"对毒品说不"项目没有起到

解决任何问题，你不能只关注手头上的产品，你要设法对整个品类有一个直观感觉。

理想效果的原因。

对于广告业投入 5 亿美元以各种不同形式传递"吸毒有害健康"信息的做法，我们可以给出同样的结论。

香烟的这些经验表明，告诉人们什么东西有害，这种传统的"自上而下"方法几乎很难发挥作用。换句话说，是时候转移阵地了。

"流行" VS. "过时"

对产品消费影响更大的似乎就是对应产品的社会信息（例如，第二次世界大战之前，好莱坞所有明星都在吸烟。如今，在荧幕上已经很少会出现吸烟的场景）。

这一洞察为我们提供了一个机会。与香烟不同，制毒与贩毒的人无法通过广告传播毒品流行的形象；此外，政府能够使用广告让吸毒变得越来越过时。

如果美国能一如既往地执行下去，这种方法能大幅减少毒品需求。当一种产品在美国"过时"了，就再也卖不动了。

关于这项重要决策：你能采用什么概念让毒品变得过时？

构思战术

当你仔细研究面对的形势时，一个显而易见的战术就会浮现出来。吸毒是一条不归路，这早已被广泛证明。重度吸毒者面临各种各样的风险，包括失去工作、失去朋友、失去家庭、失去自尊、失去自由，并且最终失去他们的生命。

针对这种情况可以组织简单明了的语句，作为武器对毒贩进行双重打击。它一方面指出毒品对人构成的危害，同时将这些信息以一种社会形象来呈现。

战术构思：毒品属于失败者。

如果"毒品属于失败者"的认知能够建立，这对毒品需求将是致命一击。如果说美国人瞧不起什么事物，那就是失败者。人们可以接受失败者，但成功者才是美国最为崇拜和追求的形象。

战术转化为战略

现在你需要确定由什么人来传递这一信息，从而能将战术构思转化为国家战略。

最适合的选择是让曾经的吸毒者或其亲人，来讲述他们悲伤而感人的故事。传播媒介自然是电视，借助其在个人情感方面的冲击力。

可以邀请曾被公开有过吸毒问题的社会名流和体育明星参与进来。例如，喜剧演员理查德·普赖尔（Richard Pryor）谈谈他如何差一点失去自己的事业；前棒球明星丹尼·麦克莱恩（Denny McLain）谈谈他如何被关进监狱失去了自己的自由；约翰·贝鲁西（John Belushi）的妻子谈谈她的丈夫如何失去了自己的生命。

在每条广告末尾，被访对象会看着镜头说"毒品属于失败者"。随着越来越多知名与不知名的人士传播这一信息，美国人将会开始看到，毒品只会让人堕落。

当这种情况出现时，毒品需求将开始减少，毒品交易的利润也会大幅降低，这势必会让犯罪组织对毒品生意的风险或回报再三思一下了。

BOTTOM-UP MARKETING

第7章
07

构 建 战 略

现在是时候将战术转化为战略了。

小凯撒（Little Caesars'）比萨外卖连锁推出"买一送一"促销活动。这是它所采用的战术——具有竞争力的心智切入点，用来与必胜客、教父（Godfather's）以及其他连锁竞争。

促销活动通常会有时限，可能只持续一天、一个星期或一个月，用以刺激顾客进行品尝。为潜在顾客提供优惠，鼓励他们品尝，也许其中一些就会成为长期顾客，并接受正常价格。

大部分战术的命运就与此类似，它们像潮汐一样有起有落。

核心概念在于"持续不断"。将战术转化为战略，必须加入时间因素。战术必须通过一定方法融入组织架构之中，并将其作为公司战略核心或公司存在的理由。

但是，小凯撒将战术转化为战略，长期持续推行"买一送一"活动。其核心概念在于"持续不断"。将战术转化为战略，必须加入时间因素。战术必须通过一定方法融入组织架构之中，并将其作为公司战略核心或公司存在的理由。

小凯撒的核心传播内容"买一送一"成为其一致性的营销方向。借助这一简单战略，小凯撒成为最成功的比萨连锁之一。

其他大部分连锁也被迫在菜单中增加了买一送一的菜品，这些针对竞争的回应动作仅仅停留在战术层面。例如，如果必胜客实施"买一送一"营销模式，就无法承担经营费用，包括其优势地段的租金、精美装修费用和服务员工资等。

当然，小凯撒是一家专做外卖的比萨连锁。为保证"买一送一"概念能够长期有效执行，小凯撒必须将其焦点放在低成本地段以及有限服务。

另一家成功地将战术转化为战略的比萨连锁是达美乐。引领达美乐业务发展的战术是"30分钟送餐到家"。

传统"自上而下"思维以"符合逻辑"的方式提出问题：（1）我们想要销售的餐品是什么？（2）配送需要多长时间？

"自下而上"的方式恰恰相反。对"战术"的聚焦，将整个战略规划过程颠倒过来。需要销售什么餐品才能满足30分钟配送时间？

为了保证承诺，达美乐将比萨尺寸减少到两种，口味精简到6种，并且只出售一种饮料——可乐。

将战术转化战略的实质，是针对公司内部或产品做出改变，而非尝试改变外部环境。

将战术转化战略的实质，是针对公司内部或产品做出改变，而非尝试改变外部环境。

战术是具有竞争力的切入点，无论是"买一送一""30分钟送餐到家"还是其他概念。将战术转化为战略所面对的挑战，在于长时间内保持简单清晰的单一诉求，这并不容易。因为总会有压力要求更改战略，以加入其他产品或概念，这会削弱和分散一致性的战略方向所带来的力量。

大部分公司以战略作为开始。它们决定想要

做什么，接着再决定需要采用的战术，从而实现其战略目标。

埃克森（Exxon）想销售办公自动化系统，但顾客并不想从埃克森购买办公系统，他们想购买IBM 和 DEC 公司的产品。

没问题。埃克森是一家实力雄厚的石油公司，其营收规模超过了 IBM 与 DEC 两家公司的总和。埃克森将启动数百万美元的广告宣传，说服顾客认可埃克森的产品质量及其诚意。

最终，埃克森团队出局。你无法改变市场。你必须改变自己，与市场需求保持同步：顾客想要购买什么样的产品，以及更为重要的是，顾客想要从谁那里购买。

换句话说，你必须首先找到能够奏效的战术。大规模广告宣传无法取代一个简单有效的战术。

一致性的战略方向

以单一战术起步，并将其转化为战略时，你就将自己限定于单一战略动作。这一过程确定了一致性的战略方向。

以单一战术起步，并将其转化为战略时，你就将自己限定于单一战略动作。这一过程确定了一致性的战略方向。

"自下而上"的营销过程排除了很多流行的战略。当你"自下而上"思考时，太普通、太分散、太难以执行的战略会自动被排除。

大部分公司战略没有以现实情况为基础，真正的战略内容根本无法执行。

"我们要成为豪华汽车市场的领导者"似乎是凯迪拉克的战略。这种思想导致了高端汽车的全线产品，包括西马龙（Cimarron）和阿兰特（Allante）。这两款车都是战略上的灾难，因为它们在战术上就缺乏合理性。

过于宽泛、乐观、普通的战略，一次又一次地将企业带入了战术错误的泥沼。但是，当战略错误时，谁会来承担后果呢？

通常，接受惩罚的不会是制定战略的将军，而是承担战术执行的前线指挥官。里根总统并没有因为"伊朗门"事件的战略由他制定而被起诉，但那些执行战术的人就没这么幸运了。奥利弗·诺思（Oliver North）、约翰·波因德克斯特（John Poindexter）、理查德·西科德（Richard Secord）以及阿尔伯特·哈基姆（Albert Hakim）都遭到了起诉。

单一战略行动的力量

当采用"自下而上"的工作方式时，最终你必定会集中于单一的战术和战略，也就是说，你会促使自己聚焦于单一且强有力的战略行动上。

当采用"自下而上"的工作方式时，最终你必定会集中于单一的战术和战略，也就是说，你会促使自己聚焦于单一且强有力的战略行动上。

这是"自下而上"营销方式最重要的成果，也是优秀战略思考的本质。

当采用"自上而下"的工作方式时，首先制定战略，之后再规划战术，最终你不可避免地会得出很多不同战术。

其中大部分战术的结果必然是无效的。它们又如何会有效呢？选择这些战术本来就不是因为它们能够发挥作用，而是用来"支持"战略的。

此外，因为存在太多不同战术，整个战略缺乏一致性，因此也不会奏效。

为什么管理者会认为两个行动要优于单一行动呢？拳击手会同时击出自己的左拳和右拳吗？军事将领会在前线所有战场同时开战吗？绝对不会。

商业中的将领会使用所有产品同时对所有市场进攻吗？会，他们总是这么做，但从来没什么效果。

认同对所有前线同时进攻的公司，通常也会非常认同每天 12 ~ 16 小时的工作时间。他们的信条就是，"更努力"才是成功的秘诀（稍加注意你会发现，赫兹仍然遥遥领先安飞士⊖）。

但是，很多工作 12 小时的管理者总是满怀希望，他们坚守着一个信念：他们的员工总是更优秀的，只要他们再努力一些，或者产品再完善一些，或者广告再好一些，真实情况总会被大家看到，竞争对手终会被击败。

他们的战略通常会采用与行业领导者相同的行动，只是尝试去完成得更好一些。就像一位将军所说的，无论选择在哪里作战，只要我们更奋力地作战，我们就能赢。

"工作更努力"并非商战成功的秘诀。

历史证明恰好相反。成功的将军会仔细研究形势，寻找一次最出乎敌

⊖ 安飞士曾经在广告中宣称："安飞士在租车行业只是第二位，为什么还租我们的车呢？因为我们工作更努力。"——译者注

人意料的大胆进攻机会。找到一个机会就已非常
困难，找到多于一个通常是不可能的。军事战略
家及作家李德·哈特（Liddell Hart）称这种大胆
进攻为"敌人出其不意的战线"。

盟军的登陆地点选择在诺曼底，其潮水汹涌
和岩石密布的海岸让德国军队觉得任何规模的登
陆都不会选择在诺曼底。

商战也是如此。通常竞争对手薄弱的环节只
有一点，那一点应作为整个进攻部队的焦点。这
正是你要寻找的能够转化为战略的战术。

当找到此战术后，你必须"自下而上"地构
建战略。你必须采用此战术，并将全公司的资源
调动起来，以使其发挥最大效用。

侧翼通用汽车

汽车行业是一个有趣的例子。多年以来，领
导者的主要优势在于中档车。

通过雪佛兰、庞蒂亚克（Pontiac）、奥兹莫比
尔（Oldsmobile）、别克以及卡迪拉克这样的品牌，
通用汽车轻而易举地击退了福特、克莱斯勒和美
国汽车的正面进攻。福特埃德塞尔（Edsel）的惨
败就是典型的例子。

通用汽车的领导者地位成为一个传奇。

军事上有效的，在商战中也同
样奏效：出其不意的战术。

军事上有效的，在商战中也同样奏效：出其不意的战术。

汉尼拔（Hannibal）翻越的阿尔卑斯山脉，被认为是规模部队不可能穿越的路线；希特勒绕过马其诺防线，让其装甲师穿越了阿登高地，法国将领认为那是坦克不可能穿过的地势（事实上，他实施了两次。一次在法兰西战役，另一次在阿登战役）。

第二次世界大战之后，发生过两次针对通用汽车的强有力攻势，并且都绕过了通用汽车的马其诺防线。

日本以小型车从低端切入，比如丰田、日产和本田；德国以超豪华汽车从高端进入，比如奔驰和宝马。历史表明，其他攻击并没有从通用汽车手中抢到什么市场份额。

日本和德国的胜利进攻，迫使通用汽车投入资源来支持其低端与高端产品。

为了节省资金以及保持利润，通用汽车做出了决定命运的决策：众多中端车型将使用同一种车体风格。这是典型的"自上而下"战略决策。突然间，没有人能区分出雪佛兰、庞蒂亚克、别克和奥兹莫比尔之间的不同，它们全都一个样。

这严重削弱了通用汽车中档车的优势，并为福特开启了机会。福特用欧洲风格的金牛座（Taurus）和黑貂（Sable）车型实施突破。

当以"自下而上"的角度来看待通用汽车所面对的形势时，战术的应对策略显而易见。通用汽车在各个价格段均需要不同的名字和外形风格。

如果将此战术构建为一个战略，最终你会得出阿尔弗雷德·斯隆（Alfred P. Sloan）最初为通用汽车提出的概念。斯隆提出的战略，史密斯不应改变。㊀

㊀ 斯隆为通用汽车公司第八任总裁，史密斯为其继任者。——译者注

你也许会想，"我们使用通用汽车的系统，我们在每个价格段都有不同的产品，只是没有为它们起不同的名字，使用公司名是因为它效率更高。否则，我们如何达到通用汽车该有的市场渗透率呢？"

你无法到达。这份战略并非"自下而上"构建起来的，它并没有基于一个具有竞争力的心智切入点，也就是行之有效的战术。

看上去只是很小的一点：每个产品拥有不同名字。但是，所有战术都是很小的点。

如果战略是锤子，战术就是钉子。注意，实现穿透的是钉子，而非锤子。

你可以拥有世界上最强有力的锤子（战略），但如果没有敲在正确的钉子（战术）上，战略执行方案就无法奏效。

无论通用汽车的战略力量多么强大，它都无法用别克的瑞塔（Reatta）对宝马造成任何影响，因为选用的战术就是错误的。

"只是个名字，"你或许会想，"小事而已。"

你说的没错。战术是件小事，只不过你将其构建为战略时，那就是件大事了。这是一个自下而上、引人入胜的过程，这一过程能够带来战略上无与伦比的成功。

通用汽车已成历史，这一点还比较容易判断。

可口可乐的真正问题

让我们看看可口可乐与百事可乐之间持续不断的战争。可口可乐做些什么才能挣脱与百事可乐这场代价高昂的阵地战呢？

目前，可口可乐正在用经典可乐与新可乐⊖双线作战。经典可乐已基本恢复元气，但新可乐（亚特兰大的"埃德塞尔"⊜）却几乎难以为继。

有多么难以为继呢？到 1988 年秋季，这两个品牌加起来市场份额仍低于 1983 年可口可乐的份额，这一年也是所有麻烦的开始。

从那时起，可口可乐尝试了无数的战术想法，想要在对抗年轻人为导向的"百事一代"方面取得进展。

每年你都能看到可口可乐广告语："你要的味道""真正的选择""抓住浪潮""红色，白色，还有你""挡不住的感觉"（与此相比，"百事一代"已经沿用了 25 年）。

可口可乐所有这些战术想法都没有抓到要点。你可以预期，在未来一段时间内，这些想法还是会继续列队而来。

任何时候，可口可乐公司的指挥官都在列队进入亚特兰大的会议室，将写有一组新的传播内容的纸张铺满墙面。之后高层管理者会围坐下来，讨论最新一批有创意的执行方案，直到他们就下一步努力的方向达成一致。不过，我们推断这个努力方向又会与"你要的味道"遭遇同样的命运。

可口可乐在亚特兰大无法找到问题的答案，它需要深入一线。

当研究过潜在顾客心智后，可口可乐只能采取唯一的行动了。这个行动有两部分：一步是倒退，一步是前进。

首先，公司必须忍痛放弃新可乐。这并不是因为新可乐是失败的或让公司难堪的产品，而是因为新可乐的存在，将直接影响可口可乐利用潜在顾客心智中的战术优势。

⊖ 1983 年，可口可乐公司决定更改配方调整口味，推出"新可乐"。新产品于 1985 年上市，遭遇惨败。——译者注

⊜ 亚特兰大是可口可乐总部所在地，埃德塞尔是福特推出的失败车型，意指新可乐也是失败的产品。——译者注

新可乐被安全存放在历史档案之后，可口可乐将能够重新采用"正宗货"概念（当你想到可口可乐时，难道你不会想到它就是正宗可乐？）。

重新启用这一概念（应广大消费者要求），可口可乐将具有一个定位，并能借助此定位向"百事一代"发起攻击，将百事可乐从冰箱中赶走。

要扣动扳机，可口可乐唯一要做的就是走进电视，并对"百事一代"说："好吧，孩子们，我们不会强迫你，但当你开始想要正宗可乐时，我们已经为你准备好了。"

那将会是"百事一代"结束的开始。任何做了父母的人都会告诉你，10 岁以上的孩子，没有人会想要一个模仿品。他们只想要最正宗的……无论是棒球棍、芭比娃娃、牛仔裤、运动鞋，还是可乐。

改变企业，而非市场

可口可乐的情况说明了"自下而上"战略的一个核心方面：在将战术构建为战略的过程中，你必须准备好针对产品或企业做出改变。你无法迫使市场发生改变。

"自下而上"战略的一个核心方面：在将战术构建为战略的过程中，你必须准备好针对产品或企业做出改变，你无法迫使市场发生改变。

战术是一个心智切入点，它必须在顾客心智中发挥作用。顾客心智中潜藏的不可动摇的概念就是"正宗货"。可口可乐应该放弃新可乐，因为它会破坏这一强有力的战术概念。

但自我意识通常会形成阻力。放弃新可乐意味着可口可乐向业界承认它犯了一个错误。在亚特兰大的管理层也知道，他们公认的对手百事可乐将会在第一时间指出这个错误，而且不会是一封信或一通电话的形式，很有可能会是全国性整版报纸广告的形式。

可口可乐应及时止损。彼得·德鲁克说："执迷过去比开创未来更具风险性。"

有时，哪怕仅一个有损战术概念的因素，就可能彻底破坏一项优秀的战略。

假如你就职于假日集团，并已经研究出一项战术和战略，通过一家新型酒店来与万豪（Marriott）和凯悦（Hyatt）竞争。你也为酒店想到一个非常棒的高端名字——皇冠酒店（Crowne Plaza）。但是，假日集团 CEO 和他的一些跟随者想挂上集团名称，也就是将其命名为"假日皇冠酒店"。

很不幸，你的高端概念就这样被带走了。皇冠酒店被拖到了假日旅馆（Holiday Inn）的水平上了。

甚至，管理层可能会认同这种做法将减弱战术效果。但是，战略第一，战术第二。你还需要更努力。

他们引用集团战略文书来解释其决定的合理性，"我们要在所有资产上使用假日旅馆的名字，以利用好我们的优势"。

通常对这些决定表示反对并没有什么意义。"那只是战术细节，"假日集团管理层说，"只要多些努力就能够克服这个问题。"

并非如此。战术决定战略，商战中的战术由各种细节组成。如果钉子

（战术）是弯的，战争注定失败。

　　构建战略时，不应出于企业因素而改变战术。有时，即使很小的改变也足以使锤子无法敲中钉子。

战术决定战略，商战中的战术由各种细节组成。如果钉子（战术）是弯的，战争注定失败。

BOTTOM-UP MARKETING

第8章

08

为雅芳制定战略

对多元化的迫切欲望是美国企业内在的一种基本驱动力，在很大程度上，它是许多企业的主导性战略。而且，无论企业面对何种形势，都会有进行多元化的冲动。

- 发展顺利时，企业往往想要扩展业务，"以更好利用公司名或品牌名资产"。
- 发展受挫时，企业同样会扩展业务，从而进入其他生存环境更好的业务领域。

两种战略都是典型的"自上而下"方式，并且都会引发多种问题。

- "发展顺利"时的战略，会将企业引入我们所说的"品牌延伸陷阱"。
- "发展受挫"时的战略，通过多元化进入新领域，其引发的问题也不比品牌延伸少。

雅芳属于第二种情况。当基础业务发展受挫时，雅芳就开始收购几家香水公司。

路途艰难时

不幸的是，很少有高层管理者遵循这样一句格言："当路途变得艰难时，只有顽强的人才能继续前行。"

他们对于这句古老格言有自己的版本："路途艰难时，另找一条出路。"

在尝试扭转局势并牺牲一些能人之后，管理层会告诉董事会市场不景气。因为市场已经不同了，他们无法预期企业能否重现往日的辉煌岁月。这也就为企业进入其他领域埋下了伏笔。

接下来你就会读到新的收购报告，管理层将注意力放到了他们认为生存环境更好的一些相关市场。

这些迹象对你的基础业务非常不利。部分管理者感觉到高层关注在减少，于是开始仔细为自己重新打算。他们不会再提出有胆识的新举措，企业将转变为一种"收获"模式：少做耕耘，多求收获。

有时，你必须面对业务下滑的事实。但是，除非整个业务是建立在短期流行的基础之上，否则不会有哪种业务会在一夜之间消失。除此之外，当进入的市场已有领导者时，你实际是从油锅跳入了火海。其实，倒不如将钱投入到已处于主导地位的基础业务之上，做一些实质性的升级。

改变业务方向会使你忽略自己已经拥有的机会。

> 将钱投入到已处于主导地位的基础业务之上，做一些实质性的升级。改变业务方向会使你忽略自己已经拥有的机会。

雅芳的门铃声

雅芳的故事就属于这一类。雅芳一直以来都是上门销售化妆品的领导者，但随着越来越多的同类产品从原来的百货商店转移到非常方便购买的药店和零售连锁，雅芳发现生意开始变得难做了。

不仅如此，家庭主妇们白天也不总是待在家，没办法回应那著名的门铃声了（"叮咚，您好！雅芳！"）。

渐渐地，直销模式对顾客不再那么有魔力，因为整个品类发展逐步平缓并趋于"成熟"。

这也使得雅芳开始放眼世界，并注意到光鲜亮丽的第五大道[⊖]，以及利润丰厚的 20 亿美元的高端香水零售市场。

它们无法抵挡这种诱惑。很快，它们在零售渠道推出了凯瑟琳·德纳芙香水（Catherine Deneuve），并收购了乔治股份有限公司（Giorgio）。几个月后，又收购了斯特恩香水（Parfumes Stern），它是派瑞·埃利斯（Perry Ellis）男士香水、奥斯卡·德拉伦塔（Oscar de la Renta）和华伦天奴（Valentino）女士香水的销售商。

逻辑上完美无瑕。以百货商店为渠道，让雅芳成为设计师香水品牌，董事会接受这个计划并不困难。待在家里的女性越来越少，她们都在外工作，而且就职的女性也会有比以往更多的可支配收入。

同时，业务的生存环境也好很多。雅芳集团总裁詹姆斯·普莱斯顿（James Preston）说："除此之外，你还能在哪找到税前利润 13% ~ 16%，而且股本回报率将近 30% 的业务？"

假如你被任命为雅芳战略总监，你会怎么做？你会把重点放在哪里？

面对内部问题

你面临巨大挑战。首先，雅芳的新竞争对手——雅诗兰黛和卡尔文·克莱恩（Calvin Klein）都是这一时尚驱动的行业老手；其次，设计师

⊖ 纽约第五大道，全球著名的高级购物街区。——译者注

香水品牌今年销量平平。而且，高端设计师品牌的推广及广告风格与雅芳常用的方式相去甚远，不仅需要很高的神秘感与梦幻感，同时也需要大量资源投入。

显然，所做的这些努力如果要取得成功，必然会耗费你大量精力。当你忙于所有这些事情时，基础业务会怎样呢？这是一个非常重要的问题，因为雅芳的化妆品业务在企业整体业绩中占据最大份额。

近年来，雅芳一直在丧失市场份额，化妆品所占市场份额从原来的 12% 下滑到 8%。

相对于新收购的香水业务所显现出的市场机会，我们认为你最需要将注意力集中于核心业务——化妆产品。

从哪里开始呢？在哪里能找到推动雅芳基础业务发展的有效战术呢？

雅芳是什么

显然，你应该从潜在顾客的心智入手，从一个基本问题开始："雅芳是什么？"

或者更准确一些，"雅芳是一种产品还是一种渠道"？很显然二者都是。但要让聚焦原理发挥作用，你还要问："雅芳更偏向于哪一种认知？

雅芳代表了一种机会，它能使人们在家或工作的地方购买化妆品。雅芳是一种渠道。幸运的是，这也是雅芳与众不同的地方。

产品还是渠道？"

你可能会猜测雅芳的认知仍旧体现在著名的门铃声："叮咚，您好！雅芳！"

由于雅芳代表着众多不同的化妆品和饰品，你也许会觉得雅芳被认知为一种销售渠道要多于一家生产商。你很可能是对的。

雅芳代表了一种机会，它能使人们在家或工作的地方购买化妆品。

我们可以说雅芳是一种渠道。幸运的是，这也是雅芳与众不同的地方。你可以购买各种品牌的洗发水，但只有一个品牌可以预订并送货上门：雅芳。

如果你的分析准确的话，你的战术就必须建立在传播雅芳渠道之上，而非雅芳产品。

广告宣传应让你的渠道显得更重要。一旦进了门，雅芳销售代表就能够卖出各种不同的产品，希望这些产品也能带给你最高的利润。

如果雅芳具有俗气、不时尚的印象或认知，一定是缘于它的销售代表，毕竟，他们代表了公司。核心问题是：如何重新定位你的销售代表？如何提升他们的表现，从而为潜在顾客提供一个选择雅芳渠道的理由？

很明显，这方面做得越好，越能提高顾客通过雅芳代表购买化妆品的机会。

竞争分析

战术是具有竞争力的心智切入点。如果雅芳是一种渠道，那么竞争对手是谁？与雅芳竞争的渠道有哪些？最主要有两个竞争对手：

- 百货商店。如果价格不是问题，女士们可以去百货商店，坐下来与厂家代表沟通并选择定制的化妆品。

■ 便利店。如果关注价格，女士们可以去大众便利店，选择想要购买的商品，但不享受其他任何服务。

第三种渠道是雅芳。你提供的是方便，一位女士可以打电话给雅芳销售代表或浏览雅芳的产品目录，选择她想购买的产品，雅芳会送货上门。

从下滑的市场份额来看，其他两种渠道正在取得战争的胜利。

如果雅芳想夺回市场份额，你必须找到一种方法将百货商店与大众渠道的差异点区分开来。你的渠道应该像百货商店一样提供咨询服务，同时价格又接近便利店。

以下是两个建议，它们是基于同一战术的不同方法。

雅芳私人美容代表

这种方法需要让雅芳销售人员成为私人美容代表（PBR），而不是产品目录分发员和订单收集员。

显然，培训是一个非常重要的因素，与建立这一认知的广告同等重要（这一部分就是战略，用于推动"私人美容代表"战术）。

由于产品种类众多，让人眼花缭乱，你也许认为化妆品会在顾客心智中制造混乱，而"私人美容代表"概念就是针对这一问题的解决方案。

雅芳美容电脑

与私人美容代表相关的是一项新技术，它可以使雅芳销售人员成为真正的私人美容代表。

你可以考虑为表现最好的代表配备美容电脑（BC）。它可以将皮肤类型和头发颜色等资料存入电脑并编写相应程序，从而协助私人美容代表为顾客选择合适产品，确保"你看起来从未这么漂亮过"。

在实际应用中，美容电脑可以是通过电话线连接在大型主机或区域微型计算机的一个终端设备。

为了更好地协助你的这些代表，雅芳美容电脑可以成为用于广告宣传的一个强有力概念，进一步推广雅芳渠道（传播战术引领企业战略）。

实质上，美容电脑让雅芳代表成为私人美容顾问，而不仅仅是销售员。

你也许会发现，雅芳已经在使用美容电脑了。无须感到惊讶，因为这是一个显而易见的想法，但更为重要的是企业对于这一概念的投入程度。

将战术构建为战略需要大量的时间和财力，这也是最容易使这些概念搁浅的原因所在。

换句话说，将战术构建为战略需要大量的时间和财力，这也是最容易使这些概念搁浅的原因所在。

因为这一"自下而上"的思维，你将雅芳的高层管理者置于两难的处境。董事会刚被说服在设计师香水品牌上投入大量资金，现在你又要去打开公司的保险柜，对新技术和培训进行资金投入。董事会可能有人会问，管理层期望如何用有限的资源支撑两项计划？新的零售计划可能会遭到严重质疑，产生一些尴尬。

如果这些担心占据了CEO的头脑，你可能会丢掉这份刚到手的雅芳战略总监的工作。

BOTTOM-UP
MARKETING

第9章

09

做 出 改 变

将战术构建为战略意味着必须做出改变。

毫无疑问，将战术构建为战略意味着必须做出改变。在雅芳的例子中，需要改变的并非市场，而是企业或产品。

什么是不可变的，什么是可变的？市场是不可变的，因为你做出的所有努力都无法对市场结构或消费模式产生多大影响，也无法根本上改变潜在顾客的心智。

但是，企业总是会心存幻想，营销人员相信他们可以通过各种广告宣传改变人们的行为，这就好比试图通过打开房门来改变外面的天气一样。

每年都有价值 5 亿美元各种形式的广告投入，用以遏制非法毒品。与之相对，毒贩却从不曾有任何投入，尽管他们资金雄厚。

禁毒是一项非常难以解决的问题。我们在第 6 章建议的方法也仅限于在某种程度上抑制毒品需求。宣传等手段无法替代人们的需求和欲望。

在美国，饮酒曾经就如同吸毒一样为法律所禁止。最终谁赢了禁酒之战？政府还是民众？你无法与政府对抗，也无法与市场对抗。你的战略目标不应该是改变人们的心智，而是要利用心智中潜在的一些"不平等"的观念或概念。

"不平等"是另一种诠释战略所带来"优势"的方法，这也是教练提供给橄榄球队或棒球队的方法。

管理者通常拒绝接受由外部环境或事件引发的改变。他们将莎士比亚的建议牢记在心："这一点高于一切：坚信自己是正确的。"他们忘了这句话出自波罗涅斯（Polonius）之口，你也知道他最终的下场（他被哈姆雷特透过挂毯刺死了）。

试图改变市场

"自上而下"战略几乎总会要求市场做出一些改变，而这些改变是不可能发生的，所以相应战略自然会失败。

军事战争也会出现类似情况。1942 年，针对苏联前线的南部战略需要，希特勒下令夺取斯大林格勒，以打通前往苏联高加索油田之路。

但是，弗里德里希·保卢斯（Friedrich Paulus）元帅最终并没能夺取斯大林格勒。

很多"自上而下"战略与保卢斯第六军团在顿河面临相同的命运。由于无法逾越潜在顾客心智中的认知，整个计划也会脱节。"施乐代表复印机而非计算机"的认知根深蒂固，使得它努力成为计算机市场主力军的大战略也夭折了。

"我们可以改变这一认知。"施乐管理层说。

不，你不能。投入数十亿美元之后，施乐依然代表复印机（总的来说，这对施乐是件好事）。

"自下而上"战略的本质，就是接受心智中既有的认知，并且对企业内部做出必要的调整。

不要试图强行进入顾客心智，而是要通过改变去进入顾客心智。

"自下而上"战略的本质，就是接受心智中既有的认知，并且对企业内部做出必要的调整。

不要试图强行进入顾客心智，而是要通过改变去进入顾客心智。借用一位男装店经理的经典名句："打开蓝色的灯，这位先生想要蓝色的衣服。"不要尝试说服顾客棕色衣服更适合他，即便那是事实。

在"自下而上"战略中，可变因素总在公司内部，而且，这些必要的改变也并非总是惊天动地。有时，只不过是打开蓝色的灯。

改变名字

随着时间的推移，有些名字开始不再适合时代需要。例如，西部联盟这家创建于 1851 年的企业，正是它首先推出电报业务，并在 10 年后让驿马快信（Pony Express）走向破产。同样是这家公司，因为拒绝做出必要的改变，而将自己置于破产边缘。

西部联盟创建 100 年后，电报业务仍然是公司经营的主要支柱。但时代在改变，公司也在付出努力与时俱进。

西部联盟发射了第一颗国内通信卫星。它先后推出了邮递电报（Mailgram）和计算机通信服务——易联（Easy Link），成为电子邮件的开创者。投入数百万美元推出这些新型电子化服务后，公众对西部联盟的认知是什么？没错，一个骑自行车的男孩在送电报。

而且，公众对于电报服务本身评价也不高。"我就知道它是假电报，"一份知名周报的文章中写道，"它准时到达，并且都没有印刷错误。"

打开蓝色的灯，西部联盟需要一个新名字。

然而，西部联盟并没有改名，而是选择与既有认知对抗。它们投入数百万美元用于广告宣传，而且还有数百万美元用以推出新型服务。

西部联盟董事长在 1984 年春天表示："我们推出的新服务——易联、电子邮件、全球电传、传话筒和蜂窝无线电，让西部联盟走在了行业的前沿。在继续经营公司传统老业务的同时，我们也将持续不断地推出新服务。"

然而，持续不断的新业务也无法阻止西部联盟日渐衰退。关于这家活在 20 世纪，却使用 19 世纪名字的公司，《华尔街日报》对其传奇故事会有更多报道，可保持关注。

格格不入的名字

名字需要与潜在顾客的认知保持一致。像西部联盟，名字显得格格不入的情况常常发生。

- 由于致命病毒 AIDS 的出现，AYDS 低热量糖果销量下滑了 50%。解决之道：改名。
- 阿列格尼航空公司（Allegheny Airlines）在更名为全美航空（USAir）之前生意惨淡 [更糟的是，乘客曾称此航空公司为"痛苦航空（Agony Airline）"]。
- 阿方索·达布鲁佐（Alphonso D'Abruzzo）在改名为阿伦·阿尔达（Alan Alda）之前，他在电视台根本找不到工作。
- 在哈罗德（Haloid）推出普通纸复印机之前，它将"施乐"二字加进了名字当中。
- 拉夫·利普希茨（Ralph Lipshitz）没办法卖出他的衬衫，直到他将名字改为拉尔夫·劳伦（Ralph Lauren）。

■ 马鲭鱼（horse mackerel）堆在码头无人问津，直到一位有开创精神的波士顿商人决定称其更名为金枪鱼（tuna fish）。

■ 一位研究人员在 RCA 电子设备上贴上三洋（Sanyo）的标签，让 900 人将其与贴有 RCA 标签的相同设备进行对比，76% 的人认为贴有三洋标签的产品更好。

不要与潜在顾客的心智相对抗，打开"名字"这盏蓝色的灯。

黑人（Sambo's）餐饮连锁试图为自己的名字而战。黑人，曾是美国最大的咖啡店连锁，拥有 1000 多家门店，最终却破产了。如今，一个含有种族或性别歧视含义的名字无法被心智所接受。如果你有这样的名字，改掉它。

如果你的名字无法支持构建战略的战术，改掉它，这是"自下而上"战略中的一个关键元素。

改名可能比你想象的要普遍得多。在最近一年中，1753 家美国公司更改了公司名。

如果你的名字无法支持构建战略的战术，改掉它，这是"自下而上"战略中的一个关键元素。

改变产品或服务

在将战术构建为战略的过程中，这是必须做出的最为常见的改变。

以一家银行为例，该银行在自己汽车贷款业务中发现了一个极具吸引力的战术机会。当它的竞争对手需要 48 小时来处理一笔汽车贷款时，这家银行可以在 24 小时内完成。

一笔汽车贷款只需一半时间，这在竞争激烈的银行业是个不错的战术。但考虑到业务本身特点，这项服务的独特性并不会持续太久。

战术的命运也总是如此。若是无效，自然以失败告终；如果有效，对手就会复制。

这家银行将其"24 小时汽车贷款"战术转化为战略，改变了所有流程以加快处理过程，并将决策权下放（它的一支贷款团队可以批准一项 1000 万美元商业贷款，而几乎每天都有此类业务）。

这些改变全部完成后，这家银行就开始启动宣传活动，将自己定位为"快速银行"。

一条广告说："时间就是金钱。"另一条广告说："用户不应该滞留在银行，银行也不应该让用户滞留。"

通过抢占"快速"这个概念，这家银行也阻止了竞争对手对这一概念的复制。

竞争对手不会对复制一项战术而感到内疚。美国航空推出常客奖励活动，但这无法阻止其他所有航空公司推出自己的常客奖励计划。

战略则不同，好的战略很难被复制。国家租车公司（National Car Rental）会告诉全世界它们"更努力"吗？

缺乏产品管理方面的约束，导致很多公司错过了将成功的战术"产品"转化为长期战略的机会。

例如索尼，它是电子产品小型化的先驱。"放在肚子上的电视机"（Tummy TV），著名的索尼广告称。索尼曾有潜力在电子产品领域占据"小型"的概大多数企业管理者缺乏将新产品限制在特定战略范围内的意识，他们想开发所有产品。

念。但是，索尼却一头扎进大电视领域，包括48英寸的投影设备（大众汽车也犯过同样错误）。

很可惜，大多数企业管理者缺乏将新产品限制在特定战略范围内的意识，他们想开发所有产品。"我们占据'小型'概念了，现在让我们再出发去占据'大型'概念吧！"这种"竹篮打水一场空"的典型场景，在企业界屡见不鲜。

改变价格

我们应该说过："一开始就应设定合适的价格。"一种产品的心理价位一旦形成，很难将其改变。

凯迪拉克无法卖出56 000美元的阿兰特，因为在顾客心智中凯迪拉克并不是价值56 000美元的产品。

绝对伏特加售价12.2美元。正是因为它价格高才卖得好，而非因为人们不在乎价格。将产品定位为顶级伏特加，高价是其必须具备的要素。

另一款合理定价的产品是巴利（Bally）皮鞋。巴利在美国高端鞋类市场非常畅销。如果参观巴利总部所在地瑞士，你会发现一些有趣的现象，巴利并非高端皮鞋，也不是低端皮鞋。巴利生产各个价位的鞋类产品。通过选择高端战术，巴利才得以在美国市场实施有效战略。

必富达（Beefeater）金酒的情况更为奇特。在其原产国英国，必富达是一款低端产品，而当时美国消费者心智中已无法再容纳另一款低端金酒了。因此，必富达在美国成了高端金酒，并且是非常成功的高端金酒，每年销售上百万箱。

改变心智

心智是世界上最难以改变的，这种改变需要"忘记"一系列已有认知，再"记住"另外一系列认知。

你曾尝试过忘记一些东西吗？

你一生中最尴尬的时刻是什么时候？曾经有什么人说过什么话让你很受伤吗？

现在，试着忘掉那些记忆，但你做不到。这就是改变心智所面临的本质问题。

除此之外，努力改变心智往往会起反作用，它通常会加深已有的认知。

努力改变心智往往会起反作用，它通常会加深已有的认知。

当尼克松说"我不会辞职"时，公众却不会这么认为（任何人像尼克松一样，重复四次自己不会辞职，很显然将来有一天会辞职）。

如果有人对你说"我说的都是实话"，你也并不会相信他（他肯定认为我觉得他在说谎，不然，他为什么说这句话）。

我们称这种现象为"对立暗示"，你所说的内容恰好暗示了相反的情况。

如果你出差回家，告诉你的另一半你没有喝醉过，也没有鬼混，你认为你的妻子或丈夫会怎么想？

埃克森是如何说服潜在顾客它不会停产办公系统的呢？它们启动了广告宣传，宣告它们对市场的"承诺"。

广告中称："记住，当你购买埃克森设备时，你购买的是我们对于未来的承诺。"

看到广告的顾客会想，"它们肯定认为我觉得它们会停产"。当然，它们确实停产了。

IBM 并没有传播它们对办公自动化的承诺。如果它这么做了，顾客就会开始担心了。

你应该将你要传播的战略信息放在显微镜下寻找它们可能暗示的信息。将其反过来，看看是不是你想要暗示的内容。

既然你所传播的内容都会暗示相反的信息，过分强调的方法也就很少发挥作用了。这会使信息接受者过于容易地找到对立信息。

当有汽车经销商大声说，"我们的车卖疯了"，潜在顾客通常会对自己说，"他们肯定认为我觉得他们没卖出多少车"。

找到顾客心智中已经存在的具有竞争力的心智切入点（它甚至可能是负面认知），那才是有效的传播战术。

如果过分强调的方法行不通，那什么方法才有效呢？

找到顾客心智中已经存在的具有竞争力的心智切入点（它甚至可能是负面认知），那才是有效的传播战术。

不要试图改变顾客心智。

BOTTOM-UP MARKETING

第10章

10

转 移 战 场

"如果你不能赢得战役的胜利，那就转移战场。"这句军事格言在商战中同样奏效。

"如果你不能赢得战役的胜利，那就转移战场。"这句军事格言在商战中同样奏效。

第二次世界大战早期，太平洋战役对于道格拉斯·麦克阿瑟将军来说进展得并不顺利。

他丢掉了巴丹岛、科雷希多岛和菲律宾，在珍珠港战役中损失了八艘大型军舰，关岛和威克岛都沦陷了，也差点丢掉中途岛，同时澳大利亚也受到入侵的威胁。

麦克阿瑟并没有和日本正面对抗，而是将兵力转移到"跳岛"战役中，并扭转了太平洋战役的局势。

在朝鲜战争中，麦克阿瑟采取同样的战术。他并没有从釜山全力出击，而是在仁川发动了侧翼战，并迅速将朝鲜部队一路击退。

虽然军事上经常使用转移战场的战术，但公司中的指挥官似乎对此感到不太自在。

在商业战场上，决策者更愿意死守阵地，以决胜负。他们信奉"我们所需要的仅仅是更加努力"的战略。

更好的产品、更好的广告、更好的销售培训、更好的价格，当然还有很多其他更为流行的"更好"的说法。

企业无止境地投入时间和精力来召开各种会议，目的就是让一切变得更好。但是，市场份额往往没有提升，情况也并没有变得更好。

面对现实吧。很多时候你必须认清一个事实，你无法取得胜利，胜利的天平已经向对手倾斜。

克劳塞维茨说道："洞察力对于一位将军来说是比足智多谋更为必要、更为有用的能力。"

即使战争陷入僵局，一位军事将领也不愿陷入阵地战，因为代价太高，伤亡会不断增加，而胜利又很难取得。因此，将军们通常会很快做出部署调整，让局势对自己有利。

徒劳无功

商业中发生的情况往往恰好相反。管理者会持续增派兵力进攻同一座山头，他们可能会抱怨没有进展，但很少愿意承认失败。

"我能行"的态度在企业里能得到很高评价，而谈论"失败"被认定为缺乏团队精神，自然评价很低。

我们其中一位作者的个人经历很好地诠释了这种态度。当时，他参与了永耐驰（Uniroyal）轮胎的战略制定。

在一次大型管理层会议上，他指出，在此次轮胎大战中，要对抗固特异、凡士通、百路驰和米其林这样的对手并取得胜利，基本没有可能。而且永耐驰的轿车轮胎业务处于亏损状态。也许，转移焦点，主攻卡车轮胎会是现在需要的策略，因为这项业务利润更为丰厚。

这一建议遭到所有与会人员的冷眼，也几乎没有任何反馈。永耐驰回到了阵地战之中。（历史表明，永耐驰转向卡车轮胎并不是个坏主意，因为轿车轮胎的亏损持续累积，最终使公司被并购而不复存在。）

管理层之所以不愿转移战场，是因为此举要求公司做出改变，而改变往往让人们不安。

这种不情愿很可能是基于一句古老格言：一鸟在手胜过二鸟在林。很不幸，这句古老格言并没有指出一个事实：外面还有其他人要抢走你手中的鸟。所以，你最好尽快进入林中找到那两只还没有被捕捉到的鸟。

并非所有管理者都不愿改变。成功的战术转移似乎至少有四种类型。

转换目标群体

香烟品牌曾经都是男女通用的，吸引男性与女性顾客的方式相同。之后，菲利浦·莫里斯（Philip Morris）推出了万宝路女士香烟。

作为女士香烟品牌，万宝路没有取得任何进展，但菲利浦·莫里斯没有继续这场失败的战争，而是加入了牛仔元素并将焦点转移到男性顾客。今天，万宝路是全球第一的香烟品牌。

数年后，菲利浦·莫里斯再次尝试女性市场，推出维珍妮（Virginia Slims），并很快取得巨大成功。有时仅仅是时机的问题。

在香烟行业奏效的同样适用于汽车业。曾几何时，庞蒂亚克（Pontiac）是针对老年人的保守型家用车。庞蒂亚克与其他保守型汽车竞争，如德索托（DeSoto）、奥兹莫比尔、别克和水星（Mercury）。

20世纪60年代，庞蒂亚克由约翰·德洛雷安（John DeLorean）领导。德洛雷安提出一个绝妙的主意，将庞蒂亚克的焦点由家用转向年轻人。GTO和勒芒（LeMans）诞生了，并且庞蒂亚克开始了魅力车型之路。

如今，庞蒂亚克依然能让年轻顾客"兴奋不已"。多年以来庞蒂亚克一直都是通用汽车最成功的品牌。不仅年轻人选择庞蒂亚克，此次转移同样吸引到那些想要在想法和行为上保持年轻的老年顾客。

对汽车奏效的也同样适用于可乐。另一个转向年轻群体的成功案例就是百事可乐的"百事一代"。百事可乐让老年顾客自己决定转变与否，但却请来迈克尔·杰克逊、唐·约翰逊和莱昂纳尔·里奇来征服年轻人。

百事可乐发现青少年想要属于他们自己的东西，而不是你们的东西，其传播方案也是以此观察为基础而展开的。

如果你家有一个十几岁的孩子，你自己就可以验证这一点。下一次孩子带回家一些唱片时，你随便拿起一张，然后说："我很喜欢他们的音乐，这是我最喜欢的组合。"这个孩子永远不会再听那张唱片了。

当然，不仅仅是孩子们成了百事可乐的顾客，"百事一代"吸引了所有年龄段的孩子们。55岁的人想认为自己只有48岁，也会喝百事可乐。

这次成功的转移最终迫使可口可乐推出新可乐，一款更甜的产品，用以打击百事一代（这一动作的所有作用就是打击了可口可乐自己的美誉度）。

这是战术转移带来附加值的典型案例。无论在战争或商业中，一旦成功实现转移，对手总会被迫做出反应。

寻找战术的方法之一就是使用类比。也就是说，在一种情况下有效的战术在其他情况下也很有可能奏效。

有时，竞争对手的糟糕应对，削弱了自己曾经强大的优势定位。这又会提供可以利用的新机会。

寻找战术的方法之一就是使用类比。也就是说，在一种情况下有效的战术在其他情况下也很有可能奏效。

例如，百事可乐模式可以应用到汉堡王。

正如百事可乐，汉堡王同样是行业第二品牌。麦当劳是一台强大的营销机器，并且利用情感因素牢牢锁住自己的市场。麦当劳已经进入人们的精神层面，就像母爱和苹果派一样。

汉堡王曾经总是在模仿它最主要的竞争对手。还记得神奇的汉堡王吗？大部分人已经忘记了这个仿冒麦当劳叔叔的皇室形象。

20 世纪 80 年代早期，汉堡王转移了战场。不再尝试超越麦当劳，而是启动"火烤而非油炸"传播活动来对抗麦当劳。

虽然"火烤而非油炸"是项有效战术，但并不是出色的战略。它还没有上升到情感层面，而这只有伟大的战略才能实现。这项战术还需要战略推动。

在某些方面，"火烤"概念很像"百事的挑战"（Pepsi Challenge），它们都是差异化的战术概念。

对于百事可乐，更甜的口味会吸引青少年，这也是可乐饮料的核心市场。"百事一代"就是"更甜产品"战术在战略以及情感上的提升。

相同的想法，反过来，就可以用于汉堡王。那些选择可口可乐的年龄更大的孩子对比到汉堡品类中的又是谁呢？

就是那些岁数更小的孩子，他们更喜欢麦当劳。深入一线并仔细观察一下，那些秋千、滑梯还有麦当劳叔叔，对幼儿园的孩子们都有巨大的吸引力。

这一洞察为汉堡王转换目标人群提供了机会。但是，与百事可乐吸引年龄更小的孩子所采用的方法不同，汉堡王显而易见的战略是吸引年龄更大的孩子。

"长大去吃汉堡王"是"火烤"战术的战略提升。

为了将"火烤"战术转化为"成长"战略，汉堡王需要做些改变。它们必须将门店内的秋千和滑梯去掉，并且取消菜单中的儿童餐品。

执行"成长"战略的有力方式就是"成人礼"。

对于汉堡王来说，成人礼就是一个孩子告别孩童时代的时刻。

例如，高中入学第一天，一位新生碰到要请他吃汉堡的学长。

"去麦当劳？"那个孩子问。

"你已经不是小学生了。"年长一些的孩子说。

"那是儿童乐园，"另一个大孩子嘲弄着说，"我们带你去汉堡王。"

像这种聚焦的方法不是会牺牲很多生意吗？话说回来，汉堡快餐店的顾客群体非常宽泛，从小孩到成年人都有。

目标不等同于市场

一些最富有戏剧性的商业成功案例，都是因为认清了一个简单的事实：战术上所选用的宣传活动无须与所面向的市场保持一致。

战术上所选用的宣传活动无须与所面向的市场保持一致。

最适合的例子就是万宝路香烟的广告。如果你来自火星，最近才到地球，你会认为美国人基本都是牛仔。若非如此，那牛仔一定抽很多烟。

尽管广告人物只有牛仔，万宝路仍然成了香烟第一品牌，无论是对女性还是男性顾客。战术瞄准的目标并非战略针对的市场。

潜在顾客不会将自己和广告对号入座。确切地说，他们会从广告中提取一些想法或概念来方便自己的生活，那些想法可能会与广告中"再明显不过"的信息相冲突。

吸烟是一项非常男性化的行为，无论对女性还是男性都是如此。人们吸烟就是为了强化自己的男性化形象。

还有比牛仔更男性化的形象吗？男孩梦想的天堂就是几个星期都不用刮胡子和洗澡。（无论大多数人怎么想，"反其道而行之"总是有机会的。看看维珍妮香烟所取得的成功吧。）

营销总监通常认可烟酒行业中象征性符号所具有的力量，但同时拒绝将其使用在自己的产品上，因为他们认为自己的产品太过于重要而不适合使用象征性符号。

其实不然，很少有产品应该瞄准整个市场。大多数宣传活动会得益于缩小目标群体而带来的情感机会，这又是聚焦的力量。

大多数宣传活动会得益于缩小目标群体而带来的情感机会，这又是聚焦的力量。

百事可乐的战术展示了瞄准核心人群而非整个市场所带来的优势。

可口可乐的优势在于它的传统。有史以来，全世界只有七个人知道可口可乐的配方，现在这个配方仍然锁在乔治亚信托公司的保险柜里。

可口可乐的百年历史同样意味着年龄越大越有可能会选择可口可乐；年龄越小，则越有可能会选择百事可乐。

通过缩小目标群体，聚焦部分市场，百事可乐可以推动并利用"手足之争"。如果年长的哥哥姐姐喝可口可乐，那年轻的弟弟妹妹就会想要喝百事可乐。

百事一代同时也具有针对核心市场的优势。青少年软饮料消费要多于其他年龄段人群。某种意义上来说，可乐是青少年产品。

经过这些努力后，谁在喝百事可乐呢？所有人都在喝。也就是说，每个年龄段都会大量购买百事可乐。

你可能在媒体上读到过"重新回到可口可乐"的故事，但数字反映真实情况，目前可口可乐与百事可乐在美国销量约为 10∶9。

理论上，领导品牌的销量应为第二品牌的两倍。保持势均力敌的市场地位已使百事可乐在士气上取得了巨大胜利。

同样的原理也适用于汉堡王。瞄准青少年无法使你统治市场。汉堡包是一款青少年产品……面向任何年龄的孩子。汉堡王想吸引更成熟的"青少年"……无论其年龄多大。

还有很多其他产品，它们所设计的目标与真正所在市场相去甚远。

《十七岁》（Seventeen）杂志的名字和内容定位都指向 17 岁女孩。但真正谁在读《十七岁》呢？那些 13 ~ 16 岁的女孩。当一个女孩长到 17 岁时，通常已成熟到不再适合看《十七岁》了。

ID 卡的市场在哪里？那些 18 ~ 20 岁的人。如果一个人过了 21 岁，他也就不需要 ID 卡了。

维珍妮香烟的目标群体是思想解放和追求时尚的女性。每则广告都有一位 25 岁的女性与维珍妮在一起。但真实市场是向往这种生活的中年女性，选择维珍妮香烟的女性平均年龄约为 43 岁。

维珍妮和《十七岁》吸引的是一种向往而非真实需求。

克尔维特⊖（Corvette）的定位指向十几岁的男孩子，而它的市场则是年长的成功人士（即使十几岁的男孩免费得到一辆，他也无法负担这辆车的保险费）。

强生婴儿洗发水拥有可观的成人市场份额。如果将其产品称为"所有人的强生洗发水"，企业会因此受益吗？

当然不可能，成人用强生就是因为它是一款婴儿洗发水。但是，对于那些试图瞄准所有人的营销人士来说，这一现象总是被忽略。

谁想买一款各种人都在买的产品？

没有人。

转换产品

有时，你必须意识到你的产品在某个品类中并不适合。

例如，在广播电台的竞争中，如果你是市场中排名第三的"抒情摇滚"，你就会困在战壕并且没有多少选择余地。你最好的机会很可能是寻找一个竞争没那么激烈的新的音乐风格，然后申请新的电台名，带着新产品转移战场。

这一情况正是最近发生在纽约电台之战当中的情形。NBC 旗下抒情摇

⊖ 美国国宝级的超级跑车。——译者注

滚电台 WYNY-FM 的音乐风格在 20 世纪 80 年代早期受到成年人喜爱，并以此成名。它的收听率增长到 5%，这一成绩足以使其在竞争激烈的纽约市场占据第二的位置，每年的利润也达到了 600 万美元。

但随后，竞争对手发起攻击。一家排名前 40 的电台 Z-100 抢走了 WYNY 的年轻听众，年长的听众则转去听 WLTW-FM——一家"轻音乐"电台。

不幸的是，WYNY 这场战争打了太长时间，很快它每年的损失就达到了 250 万美元。

最近 WYNY 转移了战场，从抒情摇滚转到了乡村音乐，因为在当时纽约还没有乡村音乐电台。很快，它的收听率就提高了 1 个点以上，出现了好转的迹象。

另外一个成功"产品转换"的案例发生在高度竞争的电影行业。

沃尔特·迪士尼（Walt Disney）是 G 级（普通大众都可以看）电影之王。很不幸，在这个完全开放、性解放的世界里，除了小孩没人再想看一部 G 级电影了。PG [⊖]或 R [⊜]级电影才是真正赚大钱的。

因此，迪士尼工作室冒险进入成年人电影领域，并将此部分业务称为迪士尼电影，这实际上跟米老鼠的形象已相去甚远。

它们还是完败了。

工作室很快发现，迪士尼的名字阻碍了青少年或成年人来看一些有成年人内容的电影，沃尔特叔叔并没有这个名声。

之后，沃尔特·迪士尼先生的女婿罗纳德·米勒（Ronald L. Miller），提出了"产品转换"战略。他创建了成年人品牌"试金石影业"（Touchstone

---

⊖ PG 级，普通级，建议在父母陪同下观看。——译者注
⊜ R 级，限制级，17 岁以下观众要求有父母或成人陪同观看。——译者注

Pictures）。

得益于《贝弗利山奇遇记》《三个奶爸一个娃》以及《谁陷害了兔子罗杰》，试金石成为一家非常成功的电影制作公司。

公司现在有两个非常强大的实体：迪士尼，面向家庭电影市场；试金石，面向成年人电影市场。

迄今为止，每个人都过上了幸福美满的生活。

转移焦点

很多时候，为了取得成功，你不得不收缩战线。也就是说，你必须牺牲一部分业务，以聚焦你的资源和精力。

转移焦点意味着从通才变为专家。如果发展得好，你的业务体量会更大。在战略上，转移焦点也可以称为"少即是多"方法。

很久以前，在一个遥远的地方，一家区域性的小家具零售商爱恋家具店（Love Furniture）遇到了一个问题。爱恋家具店销售全产品线的中档价位的家具，比如椅子、沙发、角桌和茶几等。但家具市场当时正在发生变化，像利维茨（Levitz）这样的大型折扣店正进入市场。爱恋家具知道像利维茨这样一家经营全产品线、即时交付的折扣店，将会非常难对付。

转移焦点意味着从通才变为专家。如果发展得好，你的业务体量会更大。在战略上，转移焦点也可以称为"少即是多"方法。

因此，爱恋家具决定收缩焦点。但它能牺牲什么呢？

爱恋决定精简掉箱柜类家具：碗柜、橱柜、组合柜（这些产品因为交货时间长，销售记录不太好）。它聚焦于椅子和一些软垫家具，没有了箱柜类家具，爱恋可以提供更短的交货时间。

但是，如果没有一个更为聚焦的名字，产品上的聚焦并不会发挥作用。名字问题显而易见的答案："沙发和椅子"。爱恋在一家店用上了新的名字，并且创下了最成功的开业纪录。

对于更大规模的企业来说，州际百货公司（Interstate Department Store）的故事同样展示了这一类型的焦点转移（说起它的新名字你就会认得这家公司了，玩具反斗城）。

没错，从前这家极其成功的零售商在折扣百货商店的战争中苦苦挣扎。州际百货与托普斯（Topps）和其他一些不断衰落的商店纠缠在一起，无法自拔。

之后，它买下了还处于萌芽阶段的玩具反斗城，然后宣布破产，完全以一家玩具零售商的身份出现在大家面前。

故事余下的部分已经写入历史。

为什么能写入历史？好吧，玩具反斗城现在拥有 350 家商店，占据了130 亿美元玩具市场的 20% 份额。在这个例子中，少就是极其之多。

转移渠道

一种有趣的转移战场的方式是走出传统渠道。换句话说，你需要增加新的渠道来提升销量。

战术渠道转移的一个成功例子就在连裤袜行业。

一种有趣的转移战场的方式是走出传统渠道。换句话说，你需要增加新的渠道来提升销量。

多年来，恒适（Hanes）在百货商店渠道都是连裤袜的主要品牌。但随着品类的发展，它发现自己与低价品牌和商店自有品牌在竞争。

恒适选择降价，进而影响其高品质的认知？或者推出它自己的低价品牌？可能两者都不是。认识到赢得价格战的难度，恒适进行了渠道转移。

恒适在杂货店开辟了第二战场，连裤袜之前从未在此渠道销售过。同等重要的是，它给全新的连裤袜产品起了一个听上去就非常适合杂货店的名字。新产品叫作蛋袜（L'eggs）。恒适采用与配送和储存真正鸡蛋一样的方法来配送和储存蛋袜。

这一经典的渠道转移建立了一个非常成功的连裤袜大品牌。

杂货店里类似的成功案例还可以在收银台看到。你要结账就不得不经过《国家询问报》（National Enquirer）和它无数的伙伴们。

因其抢眼的标题而出名的这份报纸，将其渠道从报摊转移到了杂货店。如果将其放在其他报纸和杂志的海洋中，它的那些标题就不会那么抢眼了。

你在办公用品行业也会看到相同的战术转移。很多大型折扣运营商，如奎尔（Quill）和Reliable，向小企业和家庭办公室销售产品，都通过直邮目录而不再是小经销商了。

这些直销商占据办公用品行业 10% 的份额，并在不断攀升。

转移战场的方法有很多，只要你有创造力，并愿意在市场一线而非企业内部寻找，那你的选择就不会有任何限制。

转移战场的方法有很多，只要你有创造力，并愿意在市场一线而非企业内部寻找，那你的选择就不会有任何限制。

第11章

11

通用汽车的战场转移

　　为了更好理解"转移战场"战术的原理，将其应用于正在发生的商战中或许会比较有趣。

　　换句话说，我们来扮演将军，试着弄明白在战争失利时应该考虑哪些类型的转移。让我们来看看通用汽车想要与宝马、奔驰以及其他进口高端汽车开战的情形吧。

　　这部分市场并没有为通用汽车带来多少胜利。事实上，它一直以来都让通用汽车感到难堪。最新的例子就是阿兰特（Allante），它被《汽车新闻》称为"年度最差"。

　　阿兰特的推出并非通用汽车针对高端市场做出的第一个动作。

推出赛威

　　起初，通用汽车派出它最好的凯迪拉克分队迎战来自德国的新贵。很明显，这一举措更多是响应凯迪拉克经销商的要求，因为他们眼睁睁看着一些老顾客升级到了奔驰。

　　由于这些德国豪华车的车型比凯迪拉克小，通用汽车就用一款更小的全新设计车型来进行反击，这款车叫作赛威（Seville）。然而当时，赛威并没有捕获多少德国"战俘"。

　　问题很简单。有谁听说过小型凯迪拉克吗？直到它们将赛威改成凯迪拉克一样大时，它才取得了巨大成功。但是，赛威并没有从宝马和奔驰那里抢走生意，而是抢来了自家兄弟弗雷特伍德（Fleetwood）和布鲁哈姆（Brougham）的生意。

推出西马龙

当赛威车型改大之后，紧接着通用汽车就推出了另一款全新设计的小型车投入战斗。这款车叫作凯迪拉克西马龙（Cadillac Cimarron），这款车一败涂地，谁的生意它都没抢过来。

经过与 20 位凯迪拉克经销商会面，罗斯·佩罗[⊖]（Ross Perot）在《财富》杂志上称："凯迪拉克的外形要与雪佛兰有所不同，否则不太好卖。"西马龙又重新回到了设计图纸上。

推出阿兰特

通用汽车并未气馁，决定推出另一款小型凯迪拉克。但由于奔驰和宝马现在都瞄向 5 万美元甚至更高的价格，通用汽车决定占领"头等舱"。

公司所有人都乘飞机飞往意大利，于是凯迪拉克阿兰特在那里诞生了。这样应该没问题了，它是小型车，欧洲设计，并且售价 5.6 万美元。奔驰的潜在顾客还能有什么其他要求？它是汽车大战的终极武器。

到现在为止，阿兰特就像西马龙一样是另一个巨大的失败。除非销量有起色，否则阿兰特只会让通用汽车颜面尽失，却不会对宝马、奔驰和捷豹（Jaguar）带来半点伤害。

⊖　美国著名企业家，曾担任通用汽车公司的股东。——译者注

面对现实

应该怎么做呢？首先，通用汽车必须承认凯迪拉克不可能击败这些昂贵的进口汽车（我们称为"面对现实"）。

在汽车消费者的心智中，凯迪拉克有一个非常强的认知。在宝马售价7万美元的时代，大车型、中高档价位的凯迪拉克并不会为你带来多少优越感。如果花5.6万美元买一辆阿兰特，我不会想让邻居觉得那是一辆2.5万美元的车。

凯迪拉克应该被派回去与林肯–水星（Lincoln-Mercury）开战。福特公司的这支部队已经从凯迪拉克抢走了一些生意。当凯迪拉克将车型改小，改得不再特别，并且更像奔驰时，汽车消费者开始转而购买大车型的林肯城市汽车（Lincoln Town Cars）。

重新推出拉塞尔

我们要会采用"转换产品"战术，换句话说，通用汽车需要在超豪华汽车市场中推出新品牌。正好，通用汽车已经有一个完美的品牌。

我们建议通用汽车重新推出拉塞尔（LaSalle）这款车型（年轻的读者可能不知道，拉塞尔是20世纪二三十年代最为经典的车型之一。尽管它是凯迪拉克家族的一员，但拉塞尔通常被作为独立品牌对待）。

重新推出拉塞尔与欧洲品牌竞争的策略，因为其身世而显得略带讽刺意味。拉塞尔最初设计思路就是要有"欧洲外形"，它的车型设计仿照法国希斯巴诺–苏莎（Hispano-Suiza）车型，这是一款只有历史学家才会记得的汽车。

今天的车型显然必须更小，而且要像欧洲轿车一样价格昂贵。最为重要的是，它必须由新的拉塞尔经销商销售，而不是凯迪拉克的经销商（就像讴歌是由属于自己的经销商销售，而不是本田的经销商）。

尽管这种战术转移若早几年会更为有效，但如果通用汽车想在超豪华汽车市场获得更大份额，现在这仍是其唯一可行之道。

面对这样的价格，谁不想要更多份额呢？

BOTTOM-UP
MARKETING

第12章

12

测 试 战 略

赢得商战，你必须在战术层面取得胜利，在潜在顾客心智中获胜。

如果心智是商战的战场，那广告作为关键战术武器也就不足为奇了。

如果心智是商战的战场，那广告作为关键战术武器也就不足为奇了。就像炮弹一样，一则广告能对很大一部分市场产生影响。借助广告，你确实可以拓展大量顾客，当然前提是你精确瞄准了你的目标。

大多数企业都了解这一点，这也是广告投入已接近天文数字的原因。广告投入规模不断增加，其相对有效性却会相应降低。如今顾客都躲在心智的堡垒当中，想要在过度传播的社会环境中击中目标变得越来越难。

测试你的广告

面对投入量增加而有效性降低的情况，广告变成了众多研究的焦点。企业想要提前知道它们的广告方案能否发挥作用，这也是关于广告的研究同样接近天文数字的原因。

但是，广告研究存在很大的局限性。当恒美广告 DDB 公司（Doyle Dane Bernbach）对第一批"安飞士只是第二"的广告进行测试时，其结果令人沮丧。

租车顾客很讨厌这些广告初稿，顾客不喜欢，比尔·伯恩巴克（Bill Bernbach）⊖也不喜欢。

但是安飞士的新任总裁罗伯特·汤森德（Robert Townsend）已经向这家新接洽的广告公司承诺，只要恒美广告公司同意合作，他就会投放这则广告，而且不做任何修改。

广告就这样播出了，并且迅速获得成功。直到今天，人们依然记得广告语："安飞士在租车行业只是第二。那为什么还选我们？因为我们更努力。"

赫兹56%的市场份额很快下降了6个百分点，同时安飞士市场份额增长了同样的百分点。这是12个百分点的转移，并且几乎是发生在一夜之间。而且，安飞士在亏损整整13年之后，开始赚钱了。

你无法测试一条单独的广告或一项战术，正如安飞士的例子，广告测试的结果基本没有任何意义，因为测试本身有很强的人为因素。唯一有现实意义的测试就是将潜在顾客置身于整个战略执行的环境当中。

在安飞士的例子中，你必须想办法让潜在顾客接触到媒体对该广告做出的评价，以及赫兹将要说的内容（或不说的内容），最重要的是让他们

对于战略的测试，最好的方法就是尽量向潜在顾客呈现即将发生的完整画面。

⊖ 伯恩巴克（1911—1982），国际广告大师，恒美广告公司三位创始人之一。——译者注

看到那些面带微笑、站在柜台后面，并且佩戴"我们更努力"纽扣的安飞士员工。

如果不进行广告投放，这些是不可能实现的。因此，对于战略的测试，最好的方法就是尽量向潜在顾客呈现即将发生的完整画面。

不要向潜在顾客展示单条广告，然后询问他们的意见。他们立刻就会变成广告专家。这些变成广告专家的潜在顾客能立刻对广告的布局、印刷、图片和标题给出自己的建议。所有人都喜欢扮演广告专家的角色。不仅如此，潜在顾客自信程度还非常之高，他们确信自己知道怎样有助于销售这些产品，怎样不行。

从事实上来说，大部分主要的广告投放会经过测试，如果测试结果不是特别好，广告是不会播出的。

然而，大多数广告仍是无效的。从数学上来说，这是必然的。在一个既定市场中，四五个品牌会制定战略以提升市场份额，但平均来说，没人会单独提升市场份额，它的总和永远保持 100%（最纯粹的商战和战争一样，是场零和游戏）。

一个品牌提升份额，必有至少一个品牌丢失市场（安飞士的增长来自于赫兹的下滑）。

鉴于战略的成功所面临的这些心智以及数学规律上的限制，对于顾客测试，你要保持高度警惕。

但相互矛盾的是，越是新颖和独特的广告，越容易成功，而同时其测试结果往往不会很好 [想象一下杰克逊·波洛克（Jackson Pollock）第一幅画作，或者布鲁斯·斯普林斯汀（Bruce Springsteen）第一张唱片的市场测试结果]。

测试潜在顾客

尽管我们给出了建议，在投入数百万美元资金之前，你还是会想了解一下你的潜在顾客。我们在这里给出一些建议，告诉你需要寻找哪些信息。

不用在意研究报告上的数字，这些不过是呈现了一些人为制造的情境下对一些人为设定问题的特定反应。

问题：你会以一盎司⊖150美元的价格购买"迷恋"（Obsession）香水吗？（解读：你傻吗？）

回答：不会。（解读：我不傻。）

当然，迷恋是香水大战中的大赢家。

接下来，就是一直都存在的品牌延伸的压力。品牌延伸一直深藏于美国企业的脑海当中，原因就在于它总是有很好的测试结果。

将你自己置身于镜子面前，回答下面这个问题："你会买哪种爆米花？品食乐微波爆米花还是Pop Secret微波爆米花？"在Pop Secret推出前你从没有听说过它，所以你的答案自然会是"品食乐"。

品食乐爆米花夭折在微波炉里了，Pop Secret却赢得了巨大成功，紧随奥威尔（Orville）之后排

品牌延伸在焦点小组中能通过的原因，是受访顾客的完美主义，没人会承认自己可能会分不清爆米花和面团。

⊖ 1盎司 =29.27立方厘米。

在第二位。

品牌延伸在市场中行不通的原因就是它会引起混乱（品食乐代表面团，而不是爆米花）。品牌延伸在焦点小组中能通过的原因，是受访顾客的完美主义，没人会承认自己可能会分不清爆米花和面团。

选择有趣的战术

如何评估各种焦点小组或顾客研究呢？

首先，你必须确保你的战术概念是"有趣"的。与其受到认可而平淡无奇，还不如非常有趣但被人讨厌。

品食乐对爆米花来说是平淡无奇又不合适的名字；Pop Secret [⊖]至少暗示了其中可能有秘密配方或新奇包装，"这很有趣"。

"有趣"的定义与"新闻"的定义相同，想要有趣，一个概念必须"与众不同"，比如"人咬狗"。

人们碰到一个与众不同的概念时会作何反应？他们会认为它很有趣，但同时也会排斥它。对与众不同的事物着迷又同时排斥是人之本性。

我可能会读《国家询问报》，但我不想成为 2 米多高，300 多斤，或者有 42 个孩子的人——仅以最近三个故事为例。

要想突破乌烟瘴气的媒介环境，广告公司深知"有趣"的重要性。很不幸，它们通常将与众不同的元素用于不相关内容的创意展现，而不是用于战术概念。

通常它们无法改变战略，因为战略是由典型的"自上而下"运营模式的客户指定给它们的。

⊖ Secret 一词有秘密、奥秘等意思。——译者注

因此，你会在电视上看到像乔·五十铃[⊖]（Joe Isuzu）这样荒诞的情节。"全球撒谎冠军"乔将他的五十铃汽车开到了珠穆朗玛峰山顶。他的秘诀？用了雪地轮胎。

顾客与这些荒诞的品牌广告有关系吗？当然，他们会记住荒诞的部分，忘了品牌。

如果有人说："我昨晚在电视上看到了很有意思的广告。"你知道他后面要说什么吗？通常紧接着的就是："我忘了那个产品的名字了，但让我给你讲讲那个广告。"

人们能记得乔这个骗子，却不记得为什么要买他的车，这也就不足为奇了。尽管每年广告投入有 3000 万美元，但五十铃在美国市场每年卖不到 4 万辆汽车。

相比而言，本田和丰田在美国市场的年销量都超过 60 万辆；现代每年销售超过 25 万辆汽车；甚至奥迪和南斯拉夫（Yugo）汽车的销量都超过了五十铃。

那么最近几年最受欢迎、获奖最多、最受尊敬的广告是哪个呢？五十铃，而且这一点也没骗你。

如何使战略有趣呢？这当然是"自上而下"

如何使战略有趣呢？这当然是"自上而下"的思维方式。

⊖ 五十铃系列广告中的虚构人物，其身份是"五十铃品牌代言人"。——译者注

的思维方式。在"自下而上"的营销中，你不会努力让你的战略更有趣。

一开始，你选择的战术就必须有趣。

"两份比萨只卖一份的价格。"这很有趣。

"确定、一定、肯定隔夜送达。"这也很有趣。

"赶紧长大，孩子，去吃火烤汉堡。"这同样有趣。

当然，这份"有趣"必须与产品或业务紧密相关。由于在商战中广告是关键战术武器，所以战术概念也必须是一个有趣的广告概念。

因此，广告战术应该决定企业战略。

测试销售队伍

一个好的概念应该很容易推销给销售队伍，对吗？

错！一个好的概念很难让销售队伍接受。他们距离计划太近，知道太多，他们和潜在顾客一样都是专家。

足够简单并能够穿透混乱环境，对潜在顾客产生影响的战术概念，对于销售队伍来说会过于简单了。

针对销售队伍测试概念时，要向他们进行推销，而非征询他们的意见。

那是否应该绕开销售队伍，集中精力关注潜

在顾客呢？如果你这么做了，后果自负。如果你的销售队伍对整个计划没有激情的话，即使它再精彩绝伦也不会发挥作用。

因此，针对销售队伍测试概念时，要向他们进行推销，而非征询他们的意见。如果你无法将其推销给他们，那你就麻烦了。

在推销话术上你要竭尽所能，包括用上你自己的激情。销售队伍喜欢优秀的销售演示。

如果你能够推销成功，反过来他们也能够将这个计划销售给经销商或终端顾客，但这的确是个挑战。

测试媒体

直接与丹·拉瑟⊖（Dan Rather）通电话，问他是否喜欢你的新营销项目战略，那会有点困难。你需要用其他方法来达到相同的目的。你需要问自己一个关键问题："这个概念有新闻价值吗？"

或许它永远上不了7点整点新闻，甚至不会登上你喜欢的周报的第7版。没关系，最有效的概念"感觉"很像新闻。

当百事可乐推出Slice——第一款含10%果汁的碳酸饮料时，成了美国全国性新闻。

当IBM播出一则宣传它的"更大格局"（the bigger picture）的广告时，美国所有主要刊物都对其视而不见。

更大格局？IBM是一家540亿美元的企业。蓝色巨人已经比所有竞争对手加起来还要大，更大格局还能有什么新闻价值呢？

当安飞士推出"我们只是第二"的概念时，引爆了媒体对大量有趣故

⊖ 哥伦比亚广播公司著名新闻节目主持人。——译者注

事的报道，甚至美国副总统都开玩笑要更努力，因为"我只是老二"。

测试竞争对手

得到丹·拉瑟或汤姆·布罗考⊖（Tom Brokaw）的反馈，应该还是比提前得到竞争对手的评估意见要容易很多。

理论上，你可以将计划展示给每一个主要的竞争对手，如果每个人都说"我很讨厌它"，你就知道可能有一个可行的计划了。

当然，这是几乎不可能发生的场景。但有一种方法可以实现几乎相同的作用，那就是逻辑验证。要验证你的战略逻辑，就要将战略陈述反过来说，看是否适合用在主要竞争对手身上。

要验证你的战略逻辑，就要将战略陈述反过来说，看是否适合用在主要竞争对手身上。

"安飞士在租车行业只是第二，我们必须更加努力。"如果反过来说是怎样的呢？"赫兹在租车行业排名第一，所以我们享受这个光环就好了，没必要再那么努力了。"从安飞士的角度来说，这太完美了，这会让业务从赫兹不断流向安飞士。哪怕潜在顾客仅仅在脑子里想象出赫兹服务人员会那样想的话，他也会转向安飞士的。

⊖ 美国全国广播公司（NBC）20多年晚间新闻节目的主持人，是NBC收视率保证的一张王牌，曾获得过新闻报道的各项大奖。——译者注

"特别的航空公司"（Something special in the air），这是美国航空的广告语，它是排名第二的航空公司。让我们换成第一名，再反过来说一遍。

"不特别的航空公司"（Something unspecial in the air），联合航空不特别吗？联合航空做大量的广告，宣传它可以飞往夏威夷以及很多其他特殊的地方。

"特别的航空公司"并没有让美国航空起飞。你是否根本不知道那是美国航空的广告？很可能不知道。这并不适合美国航空所面对的竞争形势。

测试产品线

"战略第一"的信徒最危险的地方在于他们相信品牌延伸能发展成独立的品牌。

"自上而下"的组织会采用品牌延伸，并给延伸品牌配置独立营销部门、独立销售团队、独立广告预算。

健怡可口可乐这些都有，还包括独立合作的广告公司。但是，软饮料顾客看到健怡可口可乐就会想"不含卡路里的普通可口可乐"。

所有这些独立配备的资源就是要让可口可乐的员工认为他们有两个品牌，但实际上只是两种不同口味。

所有相同的品牌名都要进行测试，因为有相同名字在潜在顾客心智中就会牢牢锁在一起。

所有相同的品牌名都要进行测试，因为有相同名字在潜在顾客心智中就会牢牢锁在一起。

健怡可口可乐所取得的成功是以普通可口可乐为代价的，但人们很难看到这一点，因为低卡路里软饮料的销售整体上有爆炸式增长（只要阿斯巴甜比高果糖玉米糖浆便宜，可口可乐就不会在意顾客喝哪种产品）。

米勒高品质生活（Miller High Life）、米勒莱特（Miller Lite）以及米勒纯正生啤（Miller Genuine Draft），只是同一品牌的三种口味，当一种口味增长时，另外两种就会下滑。

康胜淡啤（Coors Light）也一样。它销量上升，普通啤酒就会下滑，很好地展示了这种关联效应。康胜淡啤广告中的银子弹（Silver Bullet）找到了它的靶子：康胜普通啤酒（Coors Regular）。

最后加入"淡啤"阵营的是百威。安海斯 – 布希（Anheuser-Busch）正在将百威淡啤打造成雅皮士[⊖]啤酒第一品牌。Spuds MacKenzie（会说话的狗）和跟随它的三只漂亮小狗将百威淡啤打造成与百威完全不同的形象。

难道安海斯 – 布希真的认为蓝领工人看不懂这些把戏吗？他们当然懂。早晚百威也会重蹈米勒和康胜的覆辙。

当两个品牌有相同的名字，在顾客心智中它们会被锁在一起，你必须对它们同时测试。

Spuds MacKenzie 也许能让百威淡啤火爆起来，但问题是，长期来看，它会对百威这个品牌造成什么样的影响呢？

如果坐在宝马车里的公子哥们都在喝百威淡啤，那在福特野马（Ford Broncos）中的小伙子们还会继续喝百威吗？

⊖ 雅皮士，是指西方国家中年轻、能干、有上进心的一类人，一般受过高等教育，具有较高的知识水平和技能，他们的着装、消费行为及生活方式等带有较明显的群体特征。——译者注

BOTTOM-UP MARKETING

第13章

13

推 销 战 略

你已经测试过你的战略并将其
整合在了一起，接下来就是开
始在企业内部推销了。

现在，是时候将你学到的知识汇总起来了。你已经测试过你的战略并将其整合在了一起，接下来就是开始在企业内部推销了。

很有可能，你需要在内部一路过关斩将走到CEO 那里才能达到目的。你的观点将要受到的关注，可能会超乎想象。

现在股票市场热度已经消散，管理层应该已经准备好要回归到基础业务了。在黑色星期一之前，很多公司通过买卖股票或买卖公司，就可以赚到比卖产品更多的钱。这种情况已经不复存在了。

相比推销公司的股票，管理层更应该开始思考如何推销公司的产品了。也许股票市场的不利反而会有助于制定战略，管理层现在应该有时间来听听可以击败竞争对手的营销概念了。

假设你已经找到了完美的出击点，那个高度聚焦的单一战术，并且已将其精心构建为一个强有力的战略。

现在，你正在董事会向高级管理层进行汇报演讲。你面对的最大问题是人们的自以为是，挑战不在于方案是否得到通过，而是在座人员的哈欠连天。

实习生和资深老手

通用电气一位年轻的实习生，曾试着让一位脾气不好的小型电机主管接受一份战略计划。这位实习生将他的想法整理汇总到一份演示文稿中，并鼓足勇气陈述了一遍。快要结束时，实习生注意到了这位主管已经失去兴趣，开始望向窗外了。年轻人不由地紧张起来。

这位资深主管注意到了实习生的反应，转过身来对他说："孩子，别管这些文档了，让我告诉你通用电气的一些真实情况吧。"

"我们正在讨论的是通用电气的电机，问题不在市场上，而是在这栋大楼里。如果你能给我一份东西，让大楼里的每个人都朝着同一个方向，那我们可以摆平外面的所有问题。"

这想法算不上"自下而上"，但他说的确实有道理。仅仅找到一个绝妙的战术并将其构建为强有力的战略还远不够。如果想让你的方案发挥作用，你还需要调动起整个公司的积极性。

你必须使每个人都感到兴奋和富有激情，也必须让所有人都朝着同一个方向努力。

仅仅找到一个绝妙的战术并将其构建为强有力的战略还远不够。如果想让你的方案发挥作用，你还需要调动起整个公司的积极性。

保持简单

不要试着用各种"数据"来推销你的计划。对于营销人员来说，电子表格的发明绝对是最糟糕的事情之一。在投影仪之后，莲花1-2-3（Lotus 1-2-3）比任何一种商业技术发展所制造的无聊报告都要多。

要像汽车销售员一样，不要把所有细节和选项都展示出来。

保持简单。幸运的是，如果你是"自下而上"构建你的计划（从单一战术到整体战略），它自然就是简单的。你需要展示的是大胆果敢的一击，不仅富有戏剧性，而且具备有效性。

不提供备选方案

在企业内部，你可能听到的最多的就是关于备选方案这一类问题。

"肯定会有多种战略能够实现相同目标，为什么你不拿出备选方案，让我们挑一个？"

别管他们。"自下而上"构建出的强有力战略不存在备选方案，抱有那种观念的管理层生活在幻想的世界里。

提供备选方案是"自上而下"思维的残留。当你坐在山顶时，所有小山看上去都是可以攀登的。

当你深入一线，站在"现实"山谷中时，你会发现留给你的选择极其有限。能找到一个可以攀登的小山就已经非常幸运了。

在高度竞争的社会当中，能找到一项有效的战术已非常困难。珍惜它，不要接受任何备选方案。但是营销人员往往不这么想，他们认为，成功是完美执行许多小任务所积累的成果。他们可以从许多不同战略中进行挑选，只要执行足够出色，就可以获得成功。

对于战略，我们坚信采用单一、大胆的出击更易于取得成功。在任何特定情况下，我们相信你只能找到唯一一种有效方法。你的工作就是要找到它，并且让其他人接受它。

对于战略，我们坚信采用单一、大胆的出击更易于取得成功。在任何特定情况下，我们相信你只能找到唯一一种有效方法。

当个人利益阻碍战略时

让其他人接受一项计划时，你面对的最主要的陷阱之一，就是个人利益与产品利益之间的冲突。

有些管理者做决策时，首先考虑对决策者自身职业发展的影响，其次才会考虑对竞争对手和敌人的影响。

陆军元帅伯纳德·蒙哥马利（Bernard Mont-gomery）在第二次世界大战时发动了穿越荷兰的一场注定失败的进攻。很多人评价这次战役是蒙哥马利为个人荣誉所发动的，并且不惜牺牲优秀的战术。

相反，乔治·巴顿（George S. Patton）将军为了更好地发挥他成功的坦克战术，经常将自己的仕途置于险境。

很多年长的管理者出于个人利益的考虑，无法做出大胆的决策。如果一个人已经拥有高薪且将要退休，为什么还要冒险呢？

很多年轻的管理者出于个人利益的考虑，只做出"安全"的决策，以免影响他们在企业中晋升。他们记得那句古老的格言："枪打出头鸟。"

在一些美国企业当中，除非有利于一些高层的个人利益，否则什么事也做不成。想法被拒绝，不是因为它们不合理，而是管理层没人能够从中受益。

日本的"达成共识"管理方法的一个好处，就是可以将个人利益因素排除在外。日本企业关注组织的成功，而非个人的成功。

没人会建议仿效日本企业，让我们的企业放弃对个人的重视。我们愿意用李·艾柯卡⊖（Lee Iacocca）交换入交昭一郎、东乡行泰或财津正彦（他们分别是本田、丰田和日产的高管）吗？但是，或许存在折中的办法。

责任人系统

排除个人利益所带来的不利因素，方法之一是将其公开化。

排除个人利益所带来的不利因素，方法之一

⊖ 李·艾柯卡，曾担任克莱斯勒汽车公司的总裁，把这家濒临倒闭的公司从危境中拯救过来，使之奇迹般地东山再起，成为全美第三大汽车公司。——译者注是将其公开化。有些公司像 3M 一样，采用一种"责任人系统"，公开明确将会从新产品或新业务中获益的个人。

深植于 3M 企业文化中的哲学是，除非有人"负责"一个项目，否则什么计划都不会获批。

便利贴的成功推出，展示了这一制度是如何发挥作用的。阿特·弗莱（Art Fry）是 3M 的一名科学家，负责便利贴这一概念，将其推入市场几乎花了他 12 年的时间。

尽管"责任人系统"能够发挥其作用，但这也并非最佳方式。理论上讲，理想的环境允许管理层根据项目的价值来做决策，而不是根据哪个人功绩显赫。

若有企业想采用这种理想的方式运营，就需要团队协作，集体精神，以及具有自我牺牲精神的领导者。

人们会马上想到巴顿和他的第三集团军，以及快速穿越法国的行动。历史上没有哪支部队在如此短的时间内攻占了如此多的阵地，并俘获了如此多的战俘。

巴顿得到的奖赏？艾森豪威尔开除了他。

当组织架构图阻碍战略时

这种情况通常发生在部门众多的大型企业当中。当采用"自下而上"的战略时，你应该预料到会发生这种情况。

通常，组织架构会阻碍你将战术构建为战略。战术有时需要不止一个产品或市场，如果企业按照产品和市场划分部门，就会遇到麻烦，一个大麻烦。

要顺利启动一个项目，你需要打破组织架构图中的各个小方块。在企业内部推销项目就像参加一场障碍赛，那些不得不批准和执行该项目的人通常有其他打算。

要顺利启动一个项目，你需要打破组织架构图中的各个小方块⊖。在企业内部推销项目就像参加一场障碍赛，那些不得不批准和执行该项目的人通常有其他打算。

从根本上说，管理者并不想分享任何东西，尤其是一个成功项目的功劳。他们宁愿做自己的事情而取得差强人意的成就，也不愿在巨大成功的项目中甘当一片绿叶。

你该如何对抗组织架构这种阻碍力量呢？我们建议"自下而上"的推销。你必须咬紧牙关沿着组织架构一层层往上走，直到见到那个能打破组织藩篱、批准计划实施的人（或许也是能够改变小方块里面名字的人）。

不要从顶层开始，试图走捷径。如果你这么做，就会开启企业内部游击战的大门。项目沿着组织架构不断向下推进时，每走一步都是刀光剑影。可以确定，那些占据组织架构图中的小方块的人，将提出你意料之外的各种反对意见。

"自下而上"的方式，能够在过程中不断暴露和解决这些反对意见，并在获得高层通过之后，大大增加项目最终成功的机会。

当然，"自下而上"的项目推销过程也有其特殊的问题。"不断修补"就是一个主要问题（通往

⊖　小方块，指的是企业内部各个部门。——译者注

灾难之路往往是由不断地改善铺就的）。

当你沿着组织架构向上推销一个概念时，路途上遇到的人都会不自觉地认为自己必须做出一些贡献。除非你自己非常小心，否则当你到达董事会时可能已经认不出你自己的概念了。

当企业高层阻碍战略时

你可能带了绝妙的战术以及精彩的战略，却仍然被董事会直接拒绝了。

所有的公司管理者当中，CEO及其幕僚通常距离前线最为遥远，他们可能是最难以认识到战术力量的人。"你想叫这款车讴歌⊖（Acura），而不是本田？"

他们不会从"战术"角度进行思考，只会从"战略"角度看待问题。"老兄，这符合我们公司的战略吗？"

你必须要有计策。最好的计策之一就是通过对公司"声誉"所产生的影响来推销你的战略。在战略中，"声誉"通常容易被忽视，这也是企业中层出于个人利益考虑而产生的太多短期思维的结果。

> 最好的计策之一就是通过对公司"声誉"所产生的影响来推销你的战略。

⊖ 讴歌是日本本田汽车公司旗下的高端子品牌。——译者注

当一家公司的声誉在市场中减弱时，其结果通常会通过媒体反映出来。看看通用汽车和 IBM 的问题。那份神秘感消失了，顾客选择替代品的理由更充分了。

就其自身而言，果敢的举动就能加强公司的声誉。利用这一点来获得企业高层对战略的支持，毕竟，没有哪位高管会拒绝向公司致敬。

名字就是战略

很多时候，你能够将战略推销出去，但新品牌名就没那么容易了。

品牌名通常会牵扯到企业或高管很强的自我意识。如果建议改名字，你肯定会遇到麻烦。

名字就是战略。你无法在牺牲掉名字后，仍能保持战略的有效性。

牢记一个原则：名字就是战略。你无法在牺牲掉名字后，仍能保持战略的有效性。

如果用拉塞尔这个名字，高端的阿兰特汽车可能获得巨大成功。但用了一个卡迪拉克的名字，就没有任何希望了。如果用品食乐这个名字，整个公司将找不到有效方法进入微波爆米花行业。

名字非常重要。你能做的最重要的战略决策就是为产品命名。名字是"自下而上"营销的核心。

在名字方面让步了，就会危害到整个战略。

因为名字问题在企业内部遭遇失败，要强于接受一个差的名字而在外部商战中输掉一切。

坚持立场，捍卫名字，不做妥协。

当雀巢推出冻干速溶咖啡与马克西姆（Maxim）竞争时，雀巢美国管理团队希望将其命名为"品味之选"（Taster's Choice），但在总部，瑞士人想称其为"金牌雀巢"（Nescafé Gold）。

"名字大战"跨越大西洋来回持续了将近2年。市场前线的人赢了。"品味之选"大获成功，如今它的销量是马克西姆的10倍。

"品质与味道像烘焙研磨咖啡一样好。"这是"品味之选"的广告。名字本身就展示了一项强有力的战术——对比烘焙研磨咖啡来定位自己的产品。

坚持立场，捍卫名字，名字就是战略。

全球战略

瑞士人想要"金牌雀巢"这个名字的原因之一，就是可以在全球范围用同一个名字来推行这一战略。

一个名字，一个战略，一个定位，这就是全球战略的目标，也是商学院最新的时尚潮流。

全世界大多数国家中，雀巢咖啡都是咖啡领导品牌。其中一些国家，其市场份额超过了75%。

一个名字，一个战略，一个定位，这就是全球战略的目标，也是商学院最新的时尚潮流。

雀巢咖啡是一个非常强的世界品牌，但在美国，它不是。

"自上而下"思维可能会认同瑞士管理层的观点："把'金牌雀巢'品牌用于冻干速溶咖啡产品，让雀巢成为更强的世界品牌吧。"

"自下而上"思维可能也会同意……但是仅限于雀巢已处领导地位的市场。在美国，雀巢什么也不是，"自下而上"方式需要一个新名字来对抗麦斯威尔和马克西姆强有力的竞争。

同样的原理也适用于达特桑（Datsun）[○]。为了一个世界范围的日产（Nissan）战略，有必要更换名字吗？有必要，如果你"自上而下"思考的话。但如果按照"自下而上"思维，就没必要。

如果世界上所有的国家情况相似，制定战略将变为面向全球的工作。如果市场相似，采用"自下而上"方式将得出适用于所有地方的同一个战略。除非那一天真正到来，否则在一个国家最为有效的战略未必适用于其他地方。

"自下而上"方式可以确保每个国家都有最优战略。

○ 达特桑是日产旗下品牌，创建于 1931 年。1954 ~ 1986 年，日产出口汽车均使用达特桑品牌，1986 年逐步停止使用达特桑品牌。——译者注

BOTTOM-UP
MARKETING

第14章
14

获 取 资 源

纽约市教育局局长理查德·格林（Richard R. Green）博士的人生哲学是："仅仅因为不可能做到，无法成其为逃避任何一项任务的借口。"

这样的想法在董事会听上去很不错，但当深入一线时，你将直接与现实面对面交锋。现实也许比较残酷，但是不可能就是不可能。

在战略中，如果没有资源支持，任何事情都不可能做成。这里所说的资源就是钱。有了钱，你可以购买你所需的工具，可以组建销售团队，建设渠道，或者投放广告。没有资金支持这些活动，世界上任何高明的计划都不会为你赢得些许市场份额。

要赚钱，先投入。而在这个过度传播的社会，赚钱需要先投入大量的钱。

高层管理者通常对耗资百万的工厂项目很容易认同，但是耗资百万的营销项目在他们那里就非常难以获得通过。

任何新的概念（营销战略基本上是一场概念之战）都需要前期投入，但很多企业更愿意根据一定销售额比例来设定广告和营销预算。这就意味着，一个新的概念得不到必要的资金支持，无法获得足够力量来穿透混乱的媒介环境。

资源分散，自取其亡

几年前，七喜公司研究得出两种令人兴奋的战略，来和巨头可乐公司竞争。两种战略都瞄准了"可口可乐和百事可乐含有咖啡因"这一战术问题。

一种战略是推出莱克（Like），世界上第一款不含咖啡因的可乐；另一种战略是将七喜定位为不含咖啡因的软饮料。因为七喜当时已经建立"非可乐"定位，成为可口可乐和百事可乐之外的选择，针对"咖啡因"发动的这次攻击肯定会为七喜带来巨大好处。

七喜应该采用哪一种战略呢？其中任何一种都有可能奏效，但不幸的是七喜分散了它的资源，试图同时推进两种战略。

当可口可乐和百事可乐带着不含咖啡因的可乐进行反击时，七喜的天空黯淡下来了。

如果投入双倍的资源，七喜公司的"不含咖啡因可乐"很可能大获成功，但相反，莱克挣扎了几年后便停产了（某种意义上来说，可口可乐和百事可乐推出不含咖啡因可乐提升了莱克品牌的信任度）。

七喜公司在"七喜是不含咖啡因的软饮料"战略中相对更为成功，但如果有更多资源，一般性的成功完全可以成为巨大的成功。

企业往往在应该聚焦资源时分散了资源，这种例子比比皆是。就在与丰田建立合资企业的那一年，通用汽车同时宣布了土星[⊖]项目。两个项目将会生产类似的产品。

人们不禁会想，如果通用汽车将其资源聚焦于单一产品线进行出击，今天的局面会有多少改善呢？

对于一个新概念，比"没有资源"更糟糕的是"资源不足"。"很多人认为投入一半的努力也会有成效，"克劳塞维茨说，"跳跃一小步要比一大步容易，但没人会在跳跨壕沟时，想先跳一半。"

假设你申请100万美元来启动一个项目。管理层回应说："如果只给你50万你能做些什么？"

你的回答应该是，"正好够我们跳到壕沟一半的距离"。如果没有足够的资源完成相应的计划，还不如不要启动。

⊖ 土星 (Saturn) 是通用汽车公司最年轻的品牌，建立于1985年，企图开发先进的土星牌轿车以抵御进口车大规模进入美国市场。同期，通用汽车与丰田的合资公司在美国建成投产。——译者注

获取资源通常遇到的问题分为两种表现形式。

1. **"囊中羞涩"的小企业**。小企业的企业家通常不缺想法，但缺乏能实现这些想法的资金。想要成功，小企业必须解决资源问题。

如果你为这些小企业工作，要么聚焦于相对较小的区域，以区域为基础获得发展，要么不得不寻求帮助。

"区域聚焦"应该是最好的启动方式，因为它能够提供给你解决问题的机会，并不断优化你的方案。汤姆·莫纳汉从一家店开始，创建了达美乐比萨连锁。当他知道哪些活动在战术方面有效或无效时，他就开始寻求帮助。对他来说，就是将这个想法授权给其他人经营，并同时在全国传播他的理念。

寻求帮助的另一种方法，则是出售给大企业，它们拥有的资源和分销网络能够将你的想法推向全国。

小企业面对的风险，是在市场中获得一定势头之前，就被大企业封杀了。

出售并不意味着全部出售，大多数情况，你能保留企业的一部分。与其拥有100%但最终死掉了，不如只拥有10%但能使企业活下来。

2. **"财大气粗"的大企业**。像通用汽车这样的大企业通常缺乏想法，而不缺资金。问题是资

如果你为这些小企业工作，要么聚焦于相对较小的区域，以区域为基础获得发展，要么不得不寻求帮助。

大企业通常缺乏想法，而不缺资金。问题是资金往往容易被分散到众多的项目上。

金往往容易被分散到众多的项目上。

因此，当你有了一个重要的想法时，抢在资金全部分配完之前拿到资源就变得非常重要。

这是大企业中的主要问题，它们通常浪费资源于大量的产品和活动之上。这也是分权管理的风险之一。

在一家典型的分权制度公司，每一位部门经理都会分到预算来获得更好发展。高层管理者喜欢将资源分散开来，以保持每个人都相对满意，他们最关注的就是一团和气。

在"自下而上"营销中，高层管理者必须将大量资源集中于具有突破性的想法或战略形势，以最大限度地把握机会。由于这意味着将张三的资源分配给李四，CEO们必须做好准备要做出艰难决定，并且在面对那些被夺走资源的经理时，捍卫自己已做出的那些决策。

显然，为了达成这一目标，高层管理者不得不更多地参与到市场前线的战术细节当中。

一些公司确实会将大部分筹码压到它们的新项目上。当IBM推出个人计算机时，它将75%的广告预算花在了新产品上。第一年，个人计算机业务占公司营收不到5%，但推动IBM做出传播策略的因素并非只是钱：个人计算机业务代表了未来。

当你有了一个重要的想法时，抢在资金全部分配完之前拿到资源就变得非常重要。

高层管理者的参与

尽管"自下而上"战略适用于任何层级的任何人，但如果高层管理者理解并应用于实践，那将最为有效。

当一种"自下而上"战略是由 CEO 发起的，沿着组织架构逐层推进就完全不需要了。此时，企业的响应速度将大幅提升，因为高层管理者处在分配企业资源的最佳位置上，他们的办公室离主管财务的副总裁仅一步之遥。

当高层管理者真正学会担当决策者的角色时，整个战略推进过程将会更为高效。这是与日本企业竞争的关键所在，因为日本人运用的是另一种"自下而上"战略，他们通过底层人员来制定战略。

美国管理层中需要更多的麦克阿瑟，像大多数将军一样，麦克阿瑟掌握了"自下而上"作战方法的实质。

这同样适用于商战。

BOTTOM-UP
MARKETING

第15章

15

邀请局外人

在某些时刻，你需要一项"客观性测试"。

企业内部人员很难具备你所需要的客观性，以帮助你对最后的一些关键细节做出决策。因为内部人员往往距离太近，他们知道的太多。

局外人具有"不知内情"的优势。不了解内部所有的细节，使得局外人看待事物的方式更为接近潜在顾客。正是由于这种客观性，局外人可以提供非常关键性的帮助，尤其是对于战术的选择。

局外人具有"不知内情"的优势。不了解内部所有的细节，使得局外人看待事物的方式更为接近潜在顾客。

选择战术

你可以理解为什么"自上而下"思维对于战略有如此强的破坏力，尤其是涉及有局外人参加的情况。当你首先制定了战略之后，实际上你也就为局外人指定了必须使用的战术。

这是因为战术主要与外部事物相关。潜在顾客心智中是怎样的？哪些趋势正在影响业务？竞争对手拥有什么样的定位？

在制定战略的过程中局外人不会有多大帮助作用，制定战略主要是一项内部事务。如何重整企业以最大限度地利用战术机会？如何配备人员，构建及运营好战略，从而实现战术效果？

"自上而下"运营模式通常会发生的情况是，没有任何一项可选的战术是有效的；同时，局外人也不愿意得出这一结论。

局外人要告诉客户战略错误了吗？（很可能会在过程中丢掉这个客户。）或者从糟糕的选项中推荐一个相对较好的选择？（毕竟，局外人总是可以用"战略优先"的说法来安慰自己。）

"自下而上"制定的战略，明确了局外人的角色并让整个过程更符合逻辑。它可以让局外人不受既定战略带来的人为强加限制，从而可以自由而充分地探索所有战术选择。

双方都可以受益。

发现"显而易见"

局外人能够帮助你发现"显而易见"的战术概念。有时最难推销出去的概念正是显而易见的那个。如果一个概念是显而易见的，企业内部所有人都会认为那已经尝试过了，而且没有效果。

但是，最好的概念就是显而易见的概念，因为它们可以迅速地与顾客和潜在顾客产生联系。只需最少的投入，它们就可以进入顾客心智。

内部人员通常反对显而易见的概念，就是因为太简单了。对他们来说，太显而易见的概念，对市场来说肯定就不"新颖"了。但通常并非这样。潜在顾客很少会对一家企业或产品保持高度关注，从而能了解到那个显而易见的概念。

永耐驰推出了瑙加[⊖]（Nauga），而瑙加海德革[⊝]（Naugahyde）产品就来自这一神秘生物，它很快取得了成功。公众迅速被这个新颖独特的广告概

⊖ 瑙加，为了推广瑙加海德革而虚构的卡通形象，广告宣称瑙加海德革正是取自这种动物的皮革。——译者注

⊝ 表面涂有一层橡胶或乙烯基树脂的织物，历史悠久，应用广泛。——译者注

念俘获了。但瑙加是公司内部存在很久的一个玩笑。对于内部太显而易见了，以至于很难被发现。

局外人的角色，就是防止显而易见的概念没有得到充分考虑就被忽略掉了。

局外人往往给会议室带来新鲜的空气。内部人员很容易就爱上自己的产品或服务，也会被企业理念所束缚。他们不断地讨论错误的想法，以至于这些想法成为现实。

局外人帮助企业打破一些虚无的东西，并可以使得讨论更具有真实性。

永恒的局外人：广告公司

经常出现在美国企业中的局外人就是广告公司的业务代表了。

在你们的关系中谁说了算？是企业，还是你的广告公司？

"我们是合作伙伴。"广告公司会说。

"我们说了算。"企业会这么说。但它们只是对自己说，或者起码是在广告公司听不到的情况下。

高科技产品（如计算机或工业设备）制造商，通常会自己决定广告的事情。它们认为（当然基于充分的理由），它们的产品技术性太强，不适合把决策权都交给广告公司。

低科技产品（如啤酒或饮料）制造商，通常会让广告公司做很多决策（另一方面，作为此类公司，宝洁因为对广告细节的严格把控反而比较出名）。

倘若广告公司处于主导地位，那合作关系是否稳定，则依赖于情况是否一切顺利。一旦出现问题，合作关系通常就此终结，有时突然得就像战争中"外科手术式"的精准打击一样，干净利落（广告公司有时都不知道发生了什么事情）。

然而，企业越来越多地处于主导地位。当一切顺利时，有很多功劳可以分享，甚至很多企业愿意让广告公司对外宣称是它们主导的（有些婚姻也是这样）。

"自下而上"战略可以帮助解决这一古老的矛盾。广告公司专注于战术，企业客户专注于战略，双方都有自己负责的主要领域。

你需要记住的是，战术决定战略。如果遵循这一原则，合作就会很顺利。

当广告公司失去客观性

大多数企业因为广告公司具有的客观性而重视这位合作伙伴。但有些广告公司，由于合作时间太久，变得更像是内部人员，而不像局外人了。

当你的广告公司丢失了其客观性会有哪些表现呢？这种情况极难分辨，尤其是你无法对自己保持客观。

如果你仔细观察，或许能发现蛛丝马迹。当你表达一个想法时，广告公司的客户经理是过快地同意，还是过快地否决？（没人能做到 100% 正确或 100% 错误。）

你的广告公司属于"月度最佳概念俱乐部"吗？如果第一个方案被否定了，它们是否非常乐意提供第二个方案呢？

如果你要做三支冠状动脉搭桥手术，你会非常愿意寻求补充意见。但事实上，你的主治医生很可能会坚持原定方案。当涉及上百万美元的广告投入时，同样做法又有什么地方不对吗？

但是当心，在你听取补充意见之前，对你可能收到的客观建议要有所准备。总会有人受到伤害，没有人可以在讨论战略问题时不伤及一些人的自尊。原因是，企业是一台永不停歇的机器。

没人在走进企业提交方案时听到，"很高兴你来了，我们在过去一年什么都没做，就在等着你的到来"。显然，很多事情和决策都已经完成了。这也是付给员工薪水的理由。

问题将会来自那些没有做正确事情的人，他们会将这个过程视作威胁，并相应做出行动。

自我保护是人类最强的天性，因此高层管理者必须警惕既得利益扼杀好想法的情况。

当国家失去客观性

在游客的心智中为一个国家定位时，外部客观性尤显重要。

主管旅游业的人员往往就是这个国家的国民，与企业里的员工不同，他们很可能一辈子大部分时间生活在这个国家。他们对自己国家曾经的风貌有鲜活的记忆，那时土地开发商和高速公路建设公司还没有破坏美丽的田野乡村。

他们了解这个国家的坏天气、拥堵的交通，以及其他各种不足之处。他们对自己的国家习以为常，不会特别关注。有多少美国人在去欧洲旅游之前还未曾去过美国的知名景点呢？很多。

有多少美国人已经参观过布鲁塞尔皇宫[⊖]，却还没欣赏过亚利桑那州的大峡谷呢？

其他国家也同样存在这种缺乏客观性的情况。新西兰在这方面就是个有趣的例子。

你可能已经注意到了，很多美国人开始对前往澳大利亚产生了兴趣，这要归功于《鳄鱼邓迪》[⊖]。

越来越多的美国游客计划前往澳大利亚，这看上去也是新西兰的一个机会，可以从中分一杯羹。毕竟，它们在同一地区，而且既然你已经在那里了，两个国家都去一下也没有什么大不了的。（对那些还没去过的游客来说，要前往新西兰，你需要飞往夏威夷，再飞 9 个小时左右；去澳大利亚则是再飞 4 个小时。）

那新西兰如何才能利用游客对澳大利亚的热情来赚钱呢？很简单，只需要为游客提供关于这个国家的一个概念，从而让他们不来新西兰变成一个艰难的决定。

现在再来看看不简单的那个部分。能从澳大利亚那里"偷来"一些旅行天数的具有竞争力的心智切入点是什么呢？

新西兰在美国做广告宣传的这些年，从来没有一个简单而富有竞争力的概念或"定位"。每次有新的旅游业主管上任，他们就会改变广告内容。人们头脑中对新西兰的认知停留于"南太平洋上一个还不错的地方，而且有很多羊"。

⊖ 比利时著名旅游景点。——译者注
⊖ 《鳄鱼邓迪》(*Crocodile Dundee*) 是 1986 年上映的澳大利亚冒险喜剧电影。——译者注

　　如果你还没有去新西兰旅行过，那要告诉你那里确实是一个风景非常壮丽的地方。如果沃尔特·迪士尼建造过一个国家的话，那它最终很可能会和新西兰非常相像。

　　新西兰主要由两个岛屿组成。北岛很像沿海的加利福尼亚，而且更好。山峰苍翠，河湖交错，还有完美装点了整个国家的无数羊群。南岛很像阿尔卑斯山脉。巍峨的雪山、峡湾、湖泊，没有宽阔的公路，时而出现一座火山，或者与英格兰一样风景如画的乡间小镇，完全未被破坏，又十分壮美。

　　有了如此美景，那研究一个战术将新西兰推荐给美国人就并非难事了。

　　电视广告提出一个问题，并不断用画面来进行回答，再配上相应的文字。

　　"世界上最美的岛屿是哪一个？"

　　"北部的候选岛屿，有一碧万顷的湖泊、未被破坏的沙滩，还有可爱迷人的溪流。"

　　"南部的候选岛屿，有巍峨壮美的山脉、美到窒息的峡湾，以及瑰丽无比的风景。"

　　"但无须在两个岛屿中艰难选择，你可以在一次旅行中游览两个岛屿。"

　　"让你的旅行社带你到新西兰，那里有世界上最美的两座岛屿。"

　　具有竞争力的心智切入点"世界上最美的两座岛屿"，让看过广告样片的新西兰人感到震惊。他们没有把自己的国家看作岛屿，也没有发现她的美丽。他们置身其中，也太过于谦虚了。

BOTTOM-UP
MARKETTING

第16章
16

启 动 战 略

当你准备好启动战略时，也就到了换挡的时候了。你应该采用"自上而下"的方式来推动战略，而不再是"自下而上"的方式。

换句话说，当你准备好执行战略时，你要确保战略启动准确无误，恰逢其时，"自上而下"。

我们建议："'自下而上'制定战略，'自上而下'执行战略"。但可以说，大部分企业所做的正好与之相反。

我们建议："'自下而上'制定战略，'自上而下'执行战略"。但可以说，大部分企业所做的正好与之相反。

高层管理者在象牙塔中制定战略，他们发布的战略规划，不过是用笼统概括的语言描述他们的目标；中层管理者则负责具体战术细节。

然而在一线，装订精美的战略规划书还没打开就会迅速被束之高阁。"我们知道顾客需要什么，"销售团队说，"那东西只会把顾客搞晕。"

广告公司里，负责创意的人们仔细研读那些战略规划书，试图发现一些东西……任何东西……只要能够用到广告里面。

通常他们会有一些发现，但等到被修改、优化、再修补之后，公司里就没人能再认出它们了。只要还有"创意"，就没关系。

军事方法

军事组织会将"自下而上"的战略与"自上

而下"的执行结合起来。

当"自下而上"地制定出战略后，军事组织会坚持"自上而下"地执行，基本不会给基层指挥官留有个人决策的空间。

如同一场出色的橄榄球比赛，出色的进攻被完美地执行，每个单元在准确的时间和地点完成预定的任务。

你也许会想，这在商战中无法完成，但并非如此。赫兹、安飞士和麦当劳这些企业每天都在这样做。

优秀连锁组织的关键就是编写执行手册，之后"照章办事"。当你有了强有力的一致性的战略方向，就不该容许任何个人去改动它。

> 优秀连锁组织的关键就是编写执行手册，之后"照章办事"。当你有了强有力的一致性的战略方向，就不该容许任何个人去改动它。

商业方法

企业也能够从类似的军事执行方法中获益。通常，战略由高层制定，之后转交到基层人员，而他们有充分的自由度做出战术上的调整。这种方法偶尔也能发挥作用。战略规划如果有缺陷，由销售一线的基层人员做出一些战术调整，有时可以将其挽救回来。

但这对制定和执行战略来说并非高效，而且会在商业组织中各个决策层之间制造很大的压力。

如果领导层能首先深入一线，通过"自下而上"方法制定公司战略，企业会变得成效显著。

这种情况如今在大公司很常见。基层人员作为商业组织的前线指挥官，他们往往会直接违反"象牙塔"中高层所传达的战略方向。前线指挥官是依靠战术层面的成果才保住工作的。

这是一种浪费。如果领导层能首先深入一线，通过"自下而上"方法制定公司战略，企业会变得成效显著。

"自上而下"战略规划存在尴尬的一面。虽然对愿景、目标、计划和宗旨有大量讨论，但实际上今天大部分企业都并非由战略所驱动。它们说起来都非常好听，但实际执行时往往与所说的背道而驰。

每个人都在忙着自己的事情，没人会遵循需要贯彻的一致、聚焦和大胆的战术。在这种企业中，战略就像挂在家中墙上的艺术品一样。它不会有任何用处，也没人会注意它，但知道它挂在那里会让人感觉舒服一些。光秃秃的墙让人感到紧张，就像企业没有"战略"的话，总感觉不够完整。

如果你的企业没有整体战略，会有什么本质上的不同吗？说实话，很可能不会。

问问你的同事，公司的战略规划是什么。如果他给你一本厚书作为答复，你就知道公司并不是真的按照这本书来运行的。

战略驱动型企业

有意思的是，真正运用"自下而上"战略的企业，会成为一家战略驱动型企业，这与"只是口头说说而已"的企业不同。

当企业将其战略构筑于一种有效的战术之上，它就开始受战略驱动了。企业将聚焦于一个强有力的焦点，这个焦点用单一的概念和简单的语言就可以描述清楚。

达美乐的战略是以"30 分钟送餐到家"战术来主导比萨外送业务的。就这么简单，你不需要厚厚一本书来解释战略（达美乐确实有这本书，但这一本厚书是用来向加盟商详细解释整个运营系统的。它是一个有用的工具，而不是用来阐述企业哲学并被束之高阁的东西）。

战术驱动型企业

如果一家企业在象牙塔中制定战略，然后企业高管以富有诗意的方式传达给前线的话，其结果往往与预期相反。它会成为一家战术驱动型企业，没有一致性战略方向。它会随波逐流，其未来更多依赖于时机和运气，而非规划和执行。

企业可以转变。随波逐流的巨兽可以变为一支有很强驱动力和方向感的军团，但这种转变不会在一夜之间发生。

第一步就是找到一种有效的战术，之后再将其构建为战略。

起初，这项战略无法囊括企业所有的产品和部门。企业随波逐流、失去控制，并非在一夜之间发生，通常需要经过一段时间逐步累积。你也无法将一堆杂乱无章的产品或服务在一夜之间转变为强有力的战略整体。

你同样无法预测未来。精确地计划未来几年实现聚焦的发展过程，你也做不到。这种尝试本身就会让规划过程与现实脱节。

现实是市场和潜在顾客的心智的切入点，聚焦的过程也应该从这里开始。你需要从单一计划开始，这个计划围绕你能找到的最具有竞争力的心智切入点展开。之后，再看这个计划如何影响你的各个产品或服务。

在未来几年中，你可能必须要调整方向，就像一个装甲师会绕开既定路线上的障碍一样，但你无法提前预知。

如果你的第一个计划没有以戏剧化的方式启动，那所有一切都没有意义了。

具体来说，该如何启动一项计划呢？

"大爆炸"方式

你永远不会有第二次机会建立第一印象。重要的想法必须看上去非常重要（如果你的想法不重要，重新回到前线，找到那个重要的）。

同时，一个新概念极度需要足够的关注，如果没有大量的媒体投入，这很难实现。

你应将"大爆炸"方式优先纳入考虑，用你能够承担的媒体投放量和能够产生的影响力来启

现实是市场和潜在顾客的心智的切入点，聚焦的过程也应该从这里开始。

你永远不会有第二次机会建立第一印象。你应将"大爆炸"方式优先纳入考虑，用你能够承担的媒体投放量和能够产生的影响力来启动计划，这种方法能帮助你克服已有的惯性。

动计划，这种方法能帮助你克服已有的惯性。

人们不会在那里坐等你的新概念或新产品，在你能卖出任何东西之前，你需要预先提供让人兴奋的信息吸引市场的关注。

当苹果推出麦金塔电脑时，它在商业刊物上投放了 20 页的"重磅炸弹"式的广告。

很多企业也曾用过这种"重磅炸弹"电视广告，在美国橄榄球联盟的"超级碗"（Super Bowl）播出，来启动新战略。

出击不只需要重拳，同样需要快速。好概念很快就会有其他人跟进。

在过去，竞争来袭之前，你通常会有一段时间，但今时不同往日。有时，出差往返一趟的时间，概念就已经被复制了。所以，将你的计划尽快在市场中实施，就非常重要，即使有时按照你的想法还必须要做些调整。

启动计划之前，并不需要将一切都做到尽善尽美。完美的想法并没有错，但追求完美可能会牺牲掉原本有希望建立的巨大领先优势。

> 启动计划之前，并不需要将一切都做到尽善尽美。完美的想法并没有错，但追求完美可能会牺牲掉原本有希望建立的巨大领先优势。

"逐步推进"的方式

与"大爆炸"方式相对的是"逐步推进"方式。当面对实力雄厚的大型竞争对手时，这是小企业更乐于采用的方法。

这时，你不会在全国范围用"大爆炸"方式的启动，而是在一个城市或一个区域启动，之后再逐步推进到其他地区。沿着这个方向走下去，最终很可能会覆盖全国市场。

如果你为一家小企业工作，这里有两个原因让你选择"逐步推进"方式，而非"大爆炸"方式，原因如下：

- 小企业没有支持"大爆炸"方式所需的资金。它不仅耗资巨大，而且会占用资源，影响业务增长所需的基础设施建设。所以，最好还是通过区域逐步推进。

- 小企业可能不想吸引太多强有力的竞争对手的关注。逐步推进，你的概念或产品就不易被察觉。即使被注意到了，大型竞争对手也可能不会认为那是多大的威胁，因为他们认为那只是区域性动作，而非全国性的。

要具有攻击性

不要让你的战略过于温和，以至于无法保证战略成果。即使是一家小企业，也要有攻击性。

但是，不要让你的战略过于温和，以至于无法保证战略成果。即使是一家小企业，也要有攻击性。

很多企业会犹豫是否启动有攻击性的战略，因为它们不想冒犯竞争对手。它们似乎将年度行业大会上的团结友爱看得比什么都重要，包括它们战略的有效性。

这完全是个错误。大胆地冒犯竞争对手，它们会因此而尊重你。

相对友谊来说，尊重更能带动销售。在美国，我们从以前的敌人（德国和日本）那里购买的汽车数量是从以前盟友（英国和法国）那里购买的42倍。

如果你想让别人爱上你，就对他们好一些；如果你想让其他人尊重你……并买你的产品……直接照他们鼻子上来一拳。

BOTTOM-UP
MARKETING

第17章

17

护 航 战 略

战略成功启动后，下一个主要问题就是要护航战略推进，而这也是所有任务中最难的一项。

大部分管理者并不理解战略的本质，他们认为战略就像长期战略规划中所写的那样，是发生在一段特定时期内的事情。

战略确实会随着时间不断展开，但战略本身是不受时间影响的。战略是一致性的营销方向。

正因如此，五年规划也就没有任何意义。如果你有一辆最好的"战术"汽车，而且选好了最好的"战略"赛道，每年都为其设定目标有意义吗？

你会因为已经超过了目标就在年底开始减速？或者因为没达到目标就猛踩油门？如果是这样，你最好换一个司机。

想在商战中取胜，就要像赛车一样，你必须保持全速前进。

此外，五年规划要求每年都有良性的销售增长，而这本身就忽略了竞争的因素。你无法预测未来，因为你无法预测竞争对手的动作。

例如，在第二次世界大战中，盟军在"市场花园"行动⊖中，遭遇正在休整的德国装甲师（为了完成"市场花园"行动，陆军元帅伯纳德·蒙哥马利的部队必须连续攻占五座桥，少了一座都

> 想在商战中取胜，就要像赛车一样，你必须保持全速前进。

⊖ 盟军于 1944 年 9 月发动的一次作战。夺桥过程中，盟军遭遇德军强烈抵抗，损失惨重。——译者注

不行。行动最终宣告失败）。IBM 在制定有关大型计算机的长期规划时，怎么可能预见到微型计算机的兴起？

因此，护航战略的核心就是全力以赴，同时对竞争对手的行动保持警惕。

护航战略的核心就是全力以赴，同时对竞争对手的行动保持警惕。

在前线领导

为了有效护航战略，你必须能够与前线保持沟通。大部分高层管理者获取的信息都是被筛选过的，避免这种情况的最好方法就是亲自深入一线。

以法兰西战役为例。在至关重要的最初几天，德国装甲师指挥官在哪？在前线带领先头部队作战。

尤其是隆美尔（Rommel），他坚信将军应该在前线。在穿越默兹河时——这也是攻入法国最大的军事屏障，他亲自下河，帮他的部队一起将坦克装到运输船上。

商战中最出色的领袖都在前线指挥战争。例如，在汽车行业大战中，李·艾柯卡的风格就比罗杰·史密斯○好很多。

商战中最出色的领袖都在前线指挥战争。

○ 罗杰·史密斯（Roger Smith），曾担任通用汽车集团董事长。——译者注

巩固成功

"巩固成功，放弃败局。"如今企业常常违反这一古老的军事格言。

军事胜利的关键，就是为获取最大进展的坦克指挥官提供充足的汽油和给养，同时，停止为陷入困境的坦克指挥官提供给养。

大部分企业所做的恰好与此相反。假设一家企业有五个产品线，其中三个在市场中占据优势，而另外两个则表现不佳。猜猜管理层会将大部分时间和精力花费在哪个产品线上？没错，表现不佳的产品线上。

抛弃表现不佳的产品，将资源提供给占据优势的产品，这是合理的军事策略，也是合理的商战策略。

管理者对砍掉失败的产品犹豫不决，其中一个原因就是他们觉得这会影响声誉，所以继续温柔体贴地给它们钱，来支持它们。再来猜猜支持这些失败产品的钱是从哪来的？没错，优势产品那里。

管理者通常会用预测美好未来的方式来证明这些决定的合理性……通常是三五年之后的前景。损失越多，预测的前景就越美好。

但商战的历史证明，情况往往与之相反。

早期的损失通常会带来更大的损失，就像失

抛弃表现不佳的产品，将资源提供给占据优势的产品，这是合理的军事策略，也是合理的商战策略。

败者会努力变得更失败一样。例如，美国无线电公司（RCA）对 IBM 计算机定位发起的攻击。

相反，早期的成功通常会带来更大的收获。施乐推出 914 型复印机后迅速在销售上取得成功。

那些持续将资源投入到失败项目的企业，应该向联邦快递学习。你不能活在未来，你只能活在当下。联邦快递砍掉了专递邮件（Zapmail）业务，因为它是个失败项目。专递邮件再亏损 3 年，联邦快递自己都会陷入麻烦的境地。

放弃败局，你会有一个更好的财务状况，从而在成功到来时能继续加强和巩固。

保持集权

快速增长的企业往往都是集权式的，它们决定分权，往往是在获得巨大成功之后。"企业规模已经太大了，我们没办法照顾到所有部门了。"

这时，增长突然开始减缓。

分权管理的企业更接近前线，但通常无法将有效战术转化为战略。

不同部门可能真正了解自己的情况，而且取得了许多战术成功。但是，它们并不是为了"自下而上"的战略而组织起来的，他们无法将战术成功转变为单一的企业战略。

分权管理的企业更接近前线，但通常无法将有效战术转化为战略。

例如国际电话电报公司（ITT）已经变成无法管理的烂摊子。由哈罗德·杰宁⊖（Harold Geneen）收购的大部分业务现在被低价出售了，但真正的问题是 ITT 的核心业务——通信。行业发展到现在这个阶段，ITT 本该与 IBM 和 AT&T 处于同一梯队，但是它的资源被一点点分散到无足轻重的战斗中，而不是集中于核心战役。

雪上加霜的是，ITT 最近在通信业务上也投降了，那是 ITT 皇冠上的明珠。ITT 通信现在归属于阿尔卡特（一家法国国有的企业集团）。

在战争中不存在分权情况，军队永远不会以分权的组织形式进入战斗。战地指挥官不会允许各部队独立作战；相反，指挥官会将各作战部队置于严密的掌控之下。如果部队将领没能按时发动攻击，或者没能在指定位置将部队驻扎下来，那他的麻烦就大了。

一些传统分权公司也正在改变。以通用电气为例，杰克·韦尔奇正加强对公司的掌控，并取得了显著成效。约翰·里德（John Reed）在花旗银行也是同样的情况。

然而，对绝大多数企业而言，这些只是特例。如今，正是企业需要强势领导的时候，大部分企业却向相反方向发展，利用分权作为借口，企图将自己置身于战场之外，企业领袖们正在损害自己和公司的利益。

保持聚焦

分权是将战略制定过程推给了下级。一家《财富》500 强企业还曾炫耀说一半的管理者参与了战略制定（巴顿的第三集团军有 105 位将军，但只有

⊖ 哈罗德·杰宁（1910—1997），ITT 公司缔造者。在 ITT 公司担任总裁和首席执行官达 18 年之久，在其领导下，公司迅速发展成世界著名企业。——译者注

一位战略制定者）。

参与战略制定的人越多，得出优秀战略的可能性就越小。企业需要将战略制定过程推到顶层，而非下级。

参与战略制定的人越多，得出优秀战略的可能性就越小。企业需要将战略制定过程推到顶层，而非下级。

这里存在一个悖论。为了找到有效的战术，你必须与前线保持更近的距离；为了将战术转化为战略，接近企业顶层会更有帮助。

表面上看起来分权的企业与前线更为接近，但那只是幻觉，因为发现的任何战术都无法将其转化为一致性的战略方向。

分权企业就像一只章鱼，众多的触角有着很强的战术感知能力，但缺少能选择一只触角并将其转化为战略的大脑——力有余而心不足。

分权企业最先失去的是高层管理者的冒险精神。管理者都不愚蠢，他们知道，如果能在"火线"之上，就可以逐步晋升到公司高层。这样，一旦公司发生并购重组，那里会有"金色降落伞"⊖让他安全着陆。

在火线之上还是之下，很容易分辨。如果因为没有完成市场目标就可能被解雇，那你就在火线之下；如果不会，那你就在火线之上。

当你在这条线之上，那些目标就不再是个人

⊖ 指公司提供给被解职的高层管理者丰厚的补偿费。——译者注

的责任了。自然，你不仅能将职责内的功劳归于自己，同时还可以享有将失败归于他人的权利。你获得了企业的终身任期，位高权重，但远离了业务。

就这样，你成了企业中有名无实的"花瓶"。

合并运营

因为分权制度将火线推得越来越低，企业成了一堆自治体的组合，其中每个自治体都没有足够的权限启动大型战略。因此，今天很多企业的战略工作退化成了维持现状的杂乱活动，你可以称为"商业中的持久壕沟战"。

如今商业中最大的机会就是将分权过程颠倒过来。企业必须开始合并部门，从而使其有足够的权限和规模启动切实有效的营销项目。

例如，惠普曾有三个独立运营部门，生产不同（而且相互不兼容）的电脑，并在相同市场出售。顾客开始抱怨厂商没有一致性的战略。

因此，惠普不再让各个部门独立运营，并将其整合到由一个管理者带领的团队中。第一个变化：这些产品在技术上可以相互兼容了。

分权制度将企业高层管理者与战场的嘈杂和混乱隔离开来，这往往会破坏他们的"作战感

如今商业中最大的机会就是将分权过程颠倒过来。企业必须开始合并部门，从而使其有足够的权限和规模启动切实有效的营销项目。

觉"，这也正是亚历山大、拿破仑和其他伟大军事将领所独具的天赋。

如今商界急需更多的战地指挥官，他们愿意全权负责战略的制定和执行。但是，企业往往将那些前线最优秀的战略人才提拔到毫无意义的高层职位。

这让人想起汉堡王的CEO杰弗里·坎贝尔（Jeffrey Campbell）。在汉堡王最需要他的时候，他被提拔为品食乐餐饮集团的主席。

提防失意者

新的战略替换或纠正一个旧的概念或方法时，往往也会产生一些"企业失意者"，要提防他们。

提出新想法的人也许不会意识到，他们的工作会让支持旧观念和想要维持现状的人难堪。他们不会从容优雅地接受失败，丢掉原有地位的人会退到暗处，等待一个机会发动攻击，并且在新战略羽翼未丰之前将其彻底推翻。

企业内部的暗斗对新战略的威胁不亚于竞争对手。

企业内部的暗斗对新战略的威胁不亚于竞争对手。

BOTTOM-UP MARKETING

第18章

18

感　知　成　功

你已经选择了有效的战术，而为了长期不断地强化该战术，也制定出了相应的战略，并且你已经通过"大爆炸"的方式启动了战略。现在你该如何评估成功？

首先，你要知道寻找哪些迹象。不要期望马上就能赚到盆满钵满，但可以预期出现的一些迹象，这些迹象能够表明人们是否正在谈论你要传播的战略信息。

对品牌的认知是形成购买的第一步。

换句话说，对品牌的认知是形成购买的第一步。联邦快递并没有从一开始就赚到了大钱，但确实引发了媒体的一波正面评论。

有时，甚至负面报道也能表明战略信息开始进入潜在顾客的心智。当本田推出讴歌（获得了巨大成功）时，媒体的第一篇报道就持悲观态度。《华尔街日报》一则标题宣称，"本田进军豪华汽车市场开局不利"。

战略取得成功通常就像长期趋势一样，起步很慢，之后会逐步获得发展势能。

如果销售增长过快，可能只会流行一时。要当心，下滑速度可能也会很快（电视游戏和呼啦圈就是两个典型的例子）。

市场是通过一波接一波的形式向前发展。第一波是早期使用者，他们是"第一个吃螃蟹的人"，是对外传播的"大嘴巴"。他们经常阅读《消费者报告》，并且认为自己是专家。你对这些"意见领袖"具有多大影响，就是早期成功与否的重要标准。

另外一个指标——可能有些不容易获取——就是竞争对手的难受程度。如果竞争对手威胁要起诉，你就知道战略开始奏效了（麦当劳起诉汉堡王的"火烤而非油炸"概念就是典型的例子）。

行业刊物与消费者媒体同样重要。如果你的战略被不断提及和报道，你就可以影响到行业人士。如果能让他们印象深刻，那么影响到潜在顾客心智的机会就非常大；相反，如果很难激起媒体的兴趣，你就碰到麻烦了。

没有新闻，就是最坏的新闻。

早期成功的大小并不重要，重要的是发展方向。只要事情朝着正确的方向发展，那么你就是在不断提升品牌，竞争对手也难以阻挡。

早期成功的大小并不重要，重要的是发展方向。只要事情朝着正确的方向发展，那么你就是在不断提升品牌，竞争对手也难以阻挡。

最后，不要像很多企业一样，将广告和销售割裂开来，两者都很重要。"很难将企业的表现直接与广告挂钩，"雷诺烟草（R. J. Reynolds）公司高级营销副总裁曾说，"即使有很出色的广告，企业或品牌仍有可能表现很差。"

企业战略是心智之战。好的广告会对心智产生影响。

如果没有影响，不管拿了多少创意奖项，这个广告都是没用的。

麦迪逊大街⊖的格言："如果你的广告主不需要销售任何东西，那么赢得奖项非常容易。"

⊖ 美国广告业中心。——译者注

BOTTOM-UP
MARKETING

第19章
19

全 力 以 赴

抵御竞争对手袭击的最佳方法就是巨大资源的持续投入。如果发展速度不够快，你前期努力的成果会成为别人的囊中之物。

"过多的好事接连发生，往往……"美国本土艺人利伯拉斯（Liberace）说，"就是这么美妙。"

当你取得巨大成功时，你要孤注一掷，全力以赴。抵御竞争对手袭击的最佳方法就是巨大资源的持续投入。如果发展速度不够快，你前期努力的成果会成为别人的囊中之物。

问题之一就是年度预算。虽然这是管控资金的好办法，但这也制造了一个机制，让你很难灵活应对变化。

你能想象一场基于年度预算的战争吗？很可能出现这样的情形："对不起，长官，你得等到明年1月才能获得支援，因为那时我们才能拿到新预算。"但问题是，那时已经错过机会了。

新战略的启动可能会导致竞争对手犯一些错误，要想利用好这种开局，需要大幅增加资金和各种投入，等到下一年预算到来时，可能早就为时已晚。

争取份额，而非利润

新市场出现时，第一要务应该是抢占市场份额，从而建立主导地位。太多的企业在地位还没有巩固之前就想要攫取利润。

企业是否强大并不是依靠其产品或服务，而是在顾客心智中的位置。

企业是否强大并不是依靠其产品或服务，而

是在顾客心智中的位置。

赫兹的强大来自于其领导者地位，而不是租车服务的质量。保持第一的位置要比成为第一的过程容易得多。

你能说出颠覆了行业领导者的企业吗？佳洁士在牙膏行业做到了，多亏了美国牙医协会（ADA）的认证许可。百威在啤酒行业做到了，万宝路在香烟行业做到了，但类似的情况极少发生。

一项针对1923年25个领导品牌的调研证明了这一点。直到今天，其中20个品牌仍然处在第一的位置，4个品牌在第二的位置，1个品牌在第五的位置。

甚至排名的顺序都很少有变化。如果商战是一场赛马的话，那将会非常无聊。第二次世界大战以来的43年里，美国前三名的汽车公司的排名只发生过一次变化。

1950年福特超过了克莱斯勒，排名第二。从那以后，这个排名就再也没有变过，一直都是通用汽车、福特和克莱斯勒。很无聊，不是吗？

市场竞争中的"黏性"，使企业或品牌常年保持在相同位置，这也说明了在最初占据一个好位置的重要性。提升你的位置可能很难，但是只要你成功了，保持在那个位置就相对容易了。

脱颖而出

如果把商战比作赛马，你就能很清楚地看到尽早脱颖而出的重要性。

当美国食品药品监督管理局（FDA）批准布洛芬上市后，美国家用产品公司（American Home Products）⊖为了占据优势位置，行动迅速。它不仅投

⊖　现更名为美国惠氏公司。——译者注

入大量广告推出艾德威尔（Advil）品牌，同时在生产线也投入大量资源。

事实上，在获得 FDA 批准前它就已经生产出该产品了。如果没能获得批准，价值数百万美元的艾德威尔可能就当作垃圾处理掉了。但这些努力没有白费，今天艾德威尔已成为布洛芬药品的领导品牌。

当你成功登顶后，要确保市场知道这一信息。太多企业不把领导者地位当回事了，从来不好好利用，这就为竞争对手敞开了大门。如果有机会，一定要当着对手的面把门关死。美国人喜欢同情弱者，但更喜欢在领导者那里购买产品。

绝对不要用公司优势业务赚来的钱，去支持失败的业务，但这恰恰是多元化企业典型的财务手段。这会使企业无法调动资源支持优势业务。

独特、大胆的出击需要资金来不断维持其势能。早期成功后就止步不前，会让你成为竞争对手的活靶子。

钱花在今天，明天自然会大有收获。

绝对不要用公司优势业务赚来的钱，去支持失败的业务，但这恰恰是多元化企业典型的财务手段。这会使企业无法调动资源支持优势业务。

BOTTOM-UP
MARKETING

第20章

20

适 时 止 损

本杰明·富兰克林说过："在这世界上，没有什么是必然的，除了死亡和税收。"

在商战的世界里没有"必然成功"这回事。如果有，商战就不会像现在这样，这么具有挑战性了。

如果你的战略无任何进展，准备好适时止损。战斗到最后一个人是不明智的。

然而，美国企业不这么认为。承认失败，被认为是不能接受的行为，而不懈努力则是一枚荣誉勋章。当情况变得十分糟糕时，击倒自己是企业所能接受的反应。

一位李·艾柯卡获得成功，就有上百名突击队员冲锋失败，死于无名。

美国企业更习惯于不断向前冲，而不能接受撤退。"我们最需要的就是更强的销售攻势"，这是前线部队的战斗口号。他们又开始了新一轮冲锋，而损失也在进一步增加。

事实是，商战几乎从来不是因为不够努力而失败的。战斗失利有三个原因：（1）战略是错误的；（2）所拥有的资源不足以实现你的目标；（3）发生了完全意料之外的事情。

也许是你所在市场发生了本质的变化，也许你的竞争对手制定出了高超的战略。

> 如果你的战略无任何进展，准备好适时止损。战斗到最后一个人是不明智的。

运气因素

无论在军事战争还是商战中，运气都起到关键作用。

唐纳德·特朗普（Donald Trump）和约翰·康纳利（John Connally）出动，把能看见的东西都买下来了。如今，一个是亿万富翁，一个却破产了。

唐纳德和约翰有什么区别？相距 1600 英里[⊖]，以及 30 亿美元。

唐纳德的好运气让他在合适的时机买下了曼哈顿，而康纳利的坏运气让他在错误的时机买下了得克萨斯州。

康纳利再努力也没办法帮到自己。在得克萨斯州，环境太过艰难了（一年之内，20 家得克萨斯的储蓄和贷款机构就损失了 40 亿美元。如果银行都没办法赚钱，你还能对普通市民有什么期望）。

从容撤退

这应该成为哈佛商学院的主修课程。

很多高管看待商战，就像眼下的战争是终极之战。但商战是一系列的战争，秘诀在于要比你

如果当下的战术没有任何进展，越早终止行动，就能越早尝试其他方法。而且，越早停止，在下一次尝试时也就能拥有越多的资源。

⊖　1 英里 =1.609 千米。

的竞争对手赢得更多的胜利。将资源浪费在注定失败的行动上，只会让你赢得下一场战争变得更加困难。

如果当下的战术没有任何进展，越早终止行动，就能越早尝试其他方法。而且，越早停止，在下一次尝试时也就能拥有越多资源。

太早就举白旗投降，会不会错过绝好的机会？这个风险永远都有，商战就是一场赌博。

然而，历史表明，能够取胜的战略通常一开始就会显示成功的迹象。如果早期所有的迹象都是负面的，那你的机会就非常渺茫了。

"长期战略规划"最危险的一面就来自一个假设——真正重大的长期规划总会伴随着短期损失。管理层也就是基于这个原因，常常持续投入资源，等着在未来收获宝藏。

《今日美国》在最初四年花掉了甘尼特公司（Gannett）4.7亿美元。宝藏未来会出现在《今日美国》面前吗？别指望。

事实是，巨大的长期成功通常在第一天就显示出了成功的迹象，而巨大的财务灾难从一开始就是灾难。

军事战争同样说明了这一点。成功的进攻常常立刻就会获得胜利。德国的装甲车在战争早期就在色当突破了法国的防线，之后就再也没

"长期战略规划"最危险的一面就来自一个假设——真正重大的长期规划总会伴随着短期损失。

停下来。

相反，在第一次世界大战的凡尔登，德国早期的进攻均以失败告终，但进攻还是持续了好几个月，结局显而易见，而且伤亡惨重。

很多公司在商战中也会采取同样的"人海"战术。在没有任何成功迹象的情况下，不断投入更多的销售人员、更多的广告、更多的一切。它们努力维持局势，而事实上，尽早止损更能让情况好转。

重新部署，找到另外一个战术，调整战略。但愿第一次战略没能奏效的原因能让你有更强的洞察力，从而在下一个项目中取得成功。

相比成功，你能从失败中学到更多。有人曾说过："百万富翁大多至少破产过三次。"

BOTTOM-UP MARKETING

第21章

21

玩好这场游戏

大部分制定战略的人都有一个梦想，他们想象自己坐在会议桌的主位上，对着一群下属发号施令。背景则全都是电脑终端，正在向全球信息网络发送你刚刚下达的指令。

每天都有一位贵宾到访，毕恭毕敬地送上一则消息："恭喜，您在罗马尼亚又取得了营销战的胜利。"

每周都有一架专机送你到世界某个地方，去做隆重的视察。你也知道，其实没什么非常要紧的事，不过是要在巴黎和维也纳这样的地方为公司做宣传。

世界上最伟大战略家的回报，当然不只是这些金钱和名望，而是追求这一目标过程中的兴奋和刺激。

同样，你的教育背景也是这个梦的一部分，你自然是耶鲁和哈佛两所商学院的毕业生，这样就不会显得不真实了。

如果这是你的梦想，那本书帮不了你多少。

置身实战

要成为伟大的战略家，你必须将你的注意力放在市场现实当中。要想获得必要的灵感或启发，你需要深入一线，感受商战在潜在顾客心智中的节奏起伏。

本书能给你的正好相反。要成为伟大的战略家，你必须将你的注意力放在市场现实当中。要想获得必要的灵感或启发，你需要深入一线，感受商战在潜在顾客心智中的节奏起伏。

大部分世界伟大的军事战略家都是从部队底层做起，这也不是什么秘密。他们从来不会与战争的真实情况脱节，因而能够一直保持他们的战略高水平。

卡尔·冯·克劳塞维茨没有读过最好的军校，没有跟随过最好的军事家，也没有从他的长官那里学习到专业知识。

克劳塞维茨学习军事战略的方法，是最好的也是最为艰难的，那就是在一些战争史上最为血腥和著名的战役的前线作战。

像耶拿、博罗季诺、贝尔齐纳河、滑铁卢等战役，克劳塞维茨都亲身经历过，观察哪些战术有效而哪些无效。克劳塞维茨提出的每一个伟大战略原则，都是从战场的泥泞中逐步得出的，也是从目睹人们活下来或战死、从看到战斗的胜利或失败中得出的。

卡麦隆·麦金托什（Cameron Mackintosh），创作了《猫》《悲惨世界》和《歌剧魅影》，是近代最为成功的三部音乐剧的制作人。他的职业生涯开始于舞台工作人员，那时他 18 岁；之后他成为巡回演出的舞台监督；23 岁时，他创作出了第一部音乐剧，但让他的赞助者血本无归。

麦金托什选择了继续坚持，创作了英国巡演版本的《俄克拉荷马》和《窈窕淑女》。

"我从这些经典作品中学到了很多关于音乐剧的技巧，"他说道，"如今，我是一位亲力亲为的制作人，参与作品创作的方方面面。"

如果你想拥有伟大的战略思想，你必须将自己置身于战术中，无论是军事战争、音乐剧，还是商战。

盖茨、莫纳汉和史密斯

战术决定战略，军事战争和商战都是如此。

战术决定战略，军事战争和商战都是如此。过去几十年最伟大的成功战略，都是由那些对目标市场极其熟知的人所制定的。

以微软的比尔·盖茨为例，微软是全球最大的软件公司。一个哈佛大学的辍学生，盖茨从世界最年轻的程序员成为世界最年轻的《财富》1000强公司的主席。因为比尔·盖茨熟知这一领域中的战术问题，就能断定他是伟大的企业战略家吗？似乎很难得出其他结论。

以达美乐比萨的托马斯·莫纳汉为例。达美乐是全世界最大的外送比萨连锁。莫纳汉借款900美元买下第一家比萨店时，几乎还没高中毕业。如今，达美乐连锁拥有4000家门店，年收入约为20亿美元。莫纳汉做过的比萨比世界上其他所有人都多，你可以说，他的战略是从市场的面团中"揉"出来的。

再以联邦快递的弗雷德里克·史密斯为例，联邦快递是全世界最大的航空货运公司。莫纳汉在做比萨的时候，史密斯正在越南开飞机参战，同时琢磨着一种全新的航空货运服务。今天，联邦快递是一家10亿美元规模的企业，统治着"隔夜送达"业务，并占据了美国超过50%的市场份额。

史密斯、莫纳汉和盖茨，全都深入参与和了
解战术，并制定出卓越的战略，将企业推向顶峰。
战术决定了他们的战略。

你呢

你获得像盖茨、莫纳汉和史密斯一样成功的
机会有多少呢?

非常小。运气就将两个极端都排除在外了，
最好的和最坏的。想要成功，你需要在正确的地
点和正确的时间有一个好的想法。

> 想要成功，你需要在正确的
> 地点和正确的时间有一个好
> 的想法。

但是，商战不仅仅是胜利后的兴奋或失败后
的痛苦。它还是场游戏，玩好这场游戏本身自然
会有回报。

玩好这场游戏，你必须从底层开始。或许不
需要像莫纳汉那样在底层开始做比萨，但在顾客
心智上肯定要从底层开始。

如果想要取胜，你必须专注于战术。你必须
专注于你的竞争对手，以及他们在顾客心智中的
优势和劣势。你必须找到一项在顾客心智战场中
行之有效的关键战术。

之后，你必须愿意付出所有的努力来制定一
致性的战略，从而利用好这项单一战术。

你也必须愿意在组织内部做出改变，利用好

外部机会。你无法改变外部环境，因此也不用尝试，还是改变你的组织吧。

你无法满足所有人的所有需求。你必须抵制诱惑，避免分散兵力，不要在很多小型战斗中同时作战，那会耗尽你的资源，使你无法在重要的大型战役中获胜。

此外，如果战略不奏效，你必须愿意改变你的战略。没人可以预测未来，生活是场赌博，商战同样是场赌博。

但是，如果你思路正确，深入一线找到一种有效的战术，并将其转化为战略，你成功的机会就非常大。

即使你所取得的胜利无法载入商战史册，但成功总是你能存进银行里的东西。

附录A
定位思想应用

定位思想

正在以下组织或品牌中得到运用

- **王老吉：6 年超越可口可乐**

王老吉凉茶曾在年销售额 1 个多亿徘徊数年，2002 年借助"怕上火"的定位概念由广东成功走向全国，2008 年销售额达到 120 亿元，成功超越可口可乐在中国的销售额。

- **长城汽车：品类聚焦打造中国 SUV 领导者**

以皮卡起家的长城汽车决定投入巨资进入现有市场更大的轿车市场，并于 2007 年推出首款轿车产品，但市场反响冷淡，企业销量、利润双双下滑。2008 年，在定位理论的帮助下，通过研究各个品类的未来趋势与机会，长城确定了聚焦 SUV 的战略，新战略驱动长城重获竞争力，哈弗战胜日韩品牌，重新夺回中国市场 SUV 冠军宝座。2011 年，长城更是逆市增长，销售增速及利润高居自主车企之首。

- **东阿阿胶：5 年市值增长 15 倍**

2005 年，东阿阿胶的增长出现停滞，公司市值处于 20 亿元左右的规模。随着东阿阿胶"滋补三大宝"定位的实施，以及在此基础上多品牌定位战略的展开，公司重回高速发展之路，2010 年市值超 300 亿元。

- **真功夫：新定位缔造中式快餐领导者**

以蒸饭起家的中式快餐品牌真功夫在进入北京、上海等地之后逐渐陷入发展瓶颈，问题店增加，增长乏力。在定位理论的帮助下，通过研究快餐品类分化趋势，真功夫厘清了自身最佳战略机会，聚焦于米饭快餐，成立"米饭大学"，打造"排骨饭"为代表品项，并以"快速"为定位指导内部运营以及店面选址。新战略使真功夫重获竞争力，拉开与竞争对手的差距，进一步巩固了中式快餐领导者的地位。

- **家有购物：扭亏为盈，销售额增长 600%**

家有购物成立于 2007 年，在经历第一年的快速成长后遇到了发展瓶颈，2009 年销售额仅为 2.8 亿元，企业亏损加剧。2010 年，在定位理论的帮助下，家有购物重新规划企业战略，聚焦家居用品品类，明确了"天天特价"的定位，战略实施之后，迅速扭亏为盈，2011 年销售额突破 18 亿元，增长 600%。

……

红云红河集团、劲霸男装、鲁花花生油、香飘飘奶茶、AB 集团、芙蓉王香烟、美的电器、方太厨电、创维电器、九阳豆浆机、HYT 无线通信、乌江涪陵榨菜……

- **"棒！约翰"：以小击大，痛击必胜客**

《华尔街日报》说"谁说小人物不能打败大人物"时，就是指"棒！约翰"以小击大，痛击必胜客的故事。里斯和特劳特帮助它把自己定位成一个聚焦原料的公司—更好的原料、更好的比萨，此举使"棒！约翰"在美国已成为公认的最成功的比萨店之一。

- **IBM：成功转型，走出困境**

IBM 公司 1993 年巨亏 160 亿美元，里斯和特劳特先生将 IBM 品牌重新定位为"集成电脑服务商",这一战略使得 IBM 成功转型,走出困境,2001 年的净利润高达 77 亿美元。

• 莲花公司:绝处逢生

莲花公司面临绝境,里斯和特劳特将它重新定位为"群组软件",用来解决联网电脑上的同步运算。此举使莲花公司重获生机,并凭此赢得 IBM 青睐,以高达 35 亿美元的价格售出。

• 西南航空:超越三强

针对美国航空的多级舱位和多重定价的竞争,里斯和特劳特将它重新定位为"单一舱级"的航空品牌,此举帮助西南航空从一大堆跟随者中脱颖而出,1997 年起连续五年被《财富》杂志评为"美国最值得尊敬的公司"。

……

惠普、宝洁、通用电气、苹果、汉堡王、美林、默克、雀巢、施乐、百事、宜家等《财富》500 强企业,"棒!约翰"、莲花公司、泽西联合银行、Repsol 石油、ECO 饮用水、七喜……

附录B
企业家感言

如果说王老吉今天稍微有一点成绩的话，我觉得我们要感恩方方面面的因素，在这里有两位大贵人，这就是特劳特（中国）公司的邓德隆和陈奇峰。在我们整个发展的过程中，每一步非常关键的时刻，他们都出现了……其实，他们在过去的将近10年里一直陪伴着我们走过。

——加多宝集团（红罐王老吉）副总裁　阳爱星

定位理论能帮你跳出企业看企业，透过现象看本质，从竞争导向、战略定位、顾客心智等方面来审视解决企业发展过程中的问题。特劳特，多年来一直是劲霸男装品牌发展的战略顾问；定位理论，多年来一直是劲霸男装3000多个营销终端的品牌圣经。明确品牌定位，进而明白如何坚持定位；明确方向，进而找到方法，这就是定位的价值和意义。

——劲霸男装股份有限公司总裁　洪忠信

邓德隆的《2小时品牌素养》是让我一口气看完的书，也是对我影响最大的书，此书对定位理论阐述得如此透彻！九阳十几年聚焦于豆浆机的成长史，对照"定位理论"，竟如此契合，如同一个具体的案例！看完此书，我们更坚定了九阳的"定位"。

——九阳股份有限公司董事长　王旭宁

品牌是市场竞争的基石，是企业基业长青的保证。企业在发展中的首要任务是打造品牌。特劳特是世界级大师，定位理论指导了许多世界级企业取得竞争的胜利，学习后我们深受启发。

——燕京啤酒集团公司董事长　李福成

定位已经不是简单的理论和工具，它打开了一片天地。了解定位不再是学一个理论、学一个原理，真的是让自己看到了更广阔的天地。

——辉瑞投资公司市场总监　孙敏

好多年前我就看过有关定位的书，这次与我们各个事业部的总经理一起来学习，让自己对定位的理念有了更清晰、更深刻的理解对立白集团战略和各个品牌的定位明朗了很多。

——立白集团总裁　陈凯旋

在不同的条件下、不同的环境中，如何运用定位理论，去找到企业的定位，去实现这个战略？我觉得企业应该用特劳特的方法能很好地实现企业的战略，不管企业处于哪个阶段，这个理论越早应用越好。

——江淮动力股份公司总经理　胡尔广

定位的关键首先是确立企业的竞争环境，认知自己的市场地位，认清和认识到自己的市场机会，之后才能决定我们采用什么样的策略，这个策略包括获取什么样的心智资源，如何竞争取舍，运用什么样的品牌，包括在品牌不同的生命周期、不同的生命阶段采用什么样的战术去攻防。总之，这是我所经历的最实战的战略课程。

——迪马实业股份公司总经理　贾浚

战略定位，简而不单，心智导师，品牌摇篮。我会带着定位的理念回到我们公司进一步消化，希望能够借助定位理论帮助我们公司发展。

——IBM（中国）公司合伙人　夏志红

从事广告行业 15 年，服务了 100 多个著名品牌，了解了定位的相关理论后，回过头再一看：但凡一个成功的企业，或者一个成功的企业家，都不同程度地遵循并且坚持了品牌定位理论的精髓，并视品牌为主要的竞争工具。我这里所说的成功企业，并不就是所谓的大企业（规模巨大或无所不能），而是深深占领了消费者心智资源的强势品牌。这样的成功企业，至少能有很好的利润、长久的生存基础，因而拥有真正的竞争优势。

——三人行广告有限公司董事长　胡栋龙

定位理论对企业的发展是至关重要的，餐饮行业非常需要这样一个世界顶级智慧来做引导。回顾乡村基的发展历程，我已领悟到"定位"的重要性，在听了本次定位课程之后，对此有了更加清晰的认识和系统的理论基础，我也更有信心将乡村基打造成为"中国快餐第一品牌"！

——乡村基国际餐饮有限公司董事长　李红

心智为王，归纳了我们品牌成长 14 年的历程，这是极强的共鸣；心智战略，指明了所有企业发展的正确方向，这是我们中国的福音；心智定位，对企业领导者提出了更高的要求，知识性企业的时代来临了。

——漫步者科技股份公司董事长　张文东

定位的本质是解决占有消费者心智资源的问题。品牌的本质是解决心智资源占有数量和质量的问题。从很大意义上来说，定位是因，品牌是果。定位之后的系统整合和一系列营销活动，实际上是在消费者的大脑里创建或强化一种心智模式，或者是重新改善他们对待品牌的心智模式。当这种心智资源被占有到一定程度（可用销量或市场占有率来衡量），或者心智模式已在较大市场范围明确确立时，则形成了品牌力，而品牌力即构成了竞争力的核心，品牌战略则是有效延续和扩大核心竞争优势的方针性举措。

——奇正藏药总经理　李志民

消费者"心智"之真，企业、品牌"定位"之初，始于"品牌素养"之悟！

——乌江榨菜集团董事长兼总经理　周斌全

盘点改革开放 30 多年来中国企业的成长史，对于定位理论的研究和运用仍然凤毛麟角。企业成败的案例已经证明：能否在大变动时代实现有效的定位，成为所有企业面临的更加迫切的问题。谁将赢得下一个 30 年？就看企业是不是专业、专注、专心去做自己最专长的事！

——西洋集团副总经理　仇广纯

格兰仕的成功印证了"品牌"对于企业的重要价值，能否在激烈的市场竞争中准确定位，已成为企业生存发展的关键。

——格兰仕集团常务副总裁　俞尧昌

经过这些年的发展，我的体会是：越是在艰苦的时候，越能看到品类聚焦的作用。长城汽车坚持走"通过打造品类优势提升品牌优势"之路，至少在 5 年内不会增加产品种类。

——长城汽车股份有限公司董事长　魏建军

在与里斯中国公司的多年合作中，我最大的感受是企业在不断矫正自己的战略定位、再聚焦再聚焦，真的是一场持久战。

——长城汽车股份有限公司总裁　王凤英

定位思想最大的特点就是观点鲜明，直指问题核心，绝不同于学院派的观点。

——北药集团董事长　卫华诚

接触了定位理论，对我触动很大，尤其是里斯先生的无私，把这么好的观念无私地奉献给企业。

——滇红集团董事长　王天权

对于定位理论的理解，当时里斯中国公司的张云先生告诉我们一句话，"一个企业不要考虑你要做什么，要考虑不要做什么"。其实我理解定位，更多的是要放弃，放弃没有能力做到的，把精力集中到能够做到的地方，这样才有可能在有限的平台当中用更多的资源去集中，做到相对竞争力的最大化。

——家有购物集团有限公司董事长　孔炯

定位和品类战略思想，令 AB 集团受益匪浅，从 2008 年导入至今，我们在大环境不好的情况下，每年都在高速增长。

——江苏 AB 集团董事长　周惠明

我们曾经以为定位就是找一个定位概念，然后大量上广告。但实践证明这种做法风险很大，品类战略帮我们厘清了如何将定位理论落地实践的思路。

——喜多多食品有限公司董事长　许庆纯

定位理论告诉我们，品牌要通过定位，抢占消费者心智，成为品类的代表。我们要做的工作就是，讲到保温杯，消费者就想到哈尔斯。我们要做的就是要聚焦，要做领导品牌。

——哈尔斯股份公司总经理 张卫东

在定位理论上，我的感受首先就是聚焦。聚焦之后，站在自己聚焦的产品或品类上，给自己聚焦的品类进行一个理念的诉求，而后围绕自己定位的理念进行视觉或者是全方面销售的打造。

——净雅集团董事长 张永舵

相信定位理论，坚定地聚焦品类，持之以恒，这是中国品牌能够早日成为世界品牌的最佳途径。

——唯美集团董事长 黄建平

定位经典丛书

序号	ISBN	书名	作者
1	978-7-111-57797-3	定位（经典重译版）	（美）艾·里斯、杰克·特劳特
2	978-7-111-57823-9	商战（经典重译版）	（美）艾·里斯、杰克·特劳特
3	978-7-111-32672-4	简单的力量	（美）杰克·特劳特、史蒂夫·里夫金
4	978-7-111-32734-9	什么是战略	（美）杰克·特劳特
5	978-7-111-57995-3	显而易见（经典重译版）	（美）杰克·特劳特
6	978-7-111-57825-3	重新定位（经典重译版）	（美）杰克·特劳特、史蒂夫·里夫金
7	978-7-111-34814-6	与众不同（珍藏版）	（美）杰克·特劳特、史蒂夫·里夫金
8	978-7-111-57824-6	特劳特营销十要	（美）杰克·特劳特
9	978-7-111-35368-3	大品牌大问题	（美）杰克·特劳特
10	978-7-111-35558-8	人生定位	（美）艾·里斯、杰克·特劳特
11	978-7-111-57822-2	营销革命（经典重译版）	（美）艾·里斯、杰克·特劳特
12	978-7-111-35676-9	2小时品牌素养（第3版）	邓德隆
13	978-7-111-66563-2	视觉锤（珍藏版）	（美）劳拉·里斯
14	978-7-111-43424-5	品牌22律	（美）艾·里斯、劳拉·里斯
15	978-7-111-43434-4	董事会里的战争	（美）艾·里斯、劳拉·里斯
16	978-7-111-43474-0	22条商规	（美）艾·里斯、杰克·特劳特
17	978-7-111-44657-6	聚焦	（美）艾·里斯
18	978-7-111-44364-3	品牌的起源	（美）艾·里斯、劳拉·里斯
19	978-7-111-44189-2	互联网商规11条	（美）艾·里斯、劳拉·里斯
20	978-7-111-43706-2	广告的没落 公关的崛起	（美）艾·里斯、劳拉·里斯
21	978-7-111-56830-8	品类战略（十周年实践版）	张云、王刚
22	978-7-111-62451-6	21世纪的定位：定位之父重新定义"定位"	（美）艾·里斯、劳拉·里斯 张云
23	978-7-111-71769-0	品类创新：成为第一的终极战略	张云